U1011729

人民法院工作年度报告

2014

最高人民法院

（中英双语）

法律出版社
LAW PRESS·CHINA

《人民法院工作年度报告》
编撰委员会

主　　任：周　强

副 主 任：沈德咏　江必新

委　　员：李少平　奚晓明　南　英　景汉朝

黄尔梅　张建南　贺　荣　陶凯元

徐家新　刘学文　杜万华　胡云腾

刘贵祥

本书编写组

组　　长：胡云腾（兼）

副 组 长：严　戈

审 稿 人（按姓氏笔画排序）：

于厚森　王少南　刘合华　许建峰

孙军工　杨万明　杨临萍　宋晓明

张勇健　林文学　罗东川　周建平

周　峰　赵大光　胡仕浩　姜启波
贺小荣　夏道虎　倪寿明　高贵君
曹守晔　裴显鼎　戴长林

撰 稿 人（按姓氏笔画排序）：

丁广宇　马成波　王艳彬　史为栋
石　磊　刘慧慧　孙福辉　何　君
吴兆祥　吴光侠　张云松　李　明
李　琪　杜　军　周加海　孟　伟
林　莹　郤中林　金晓丹　徐德芳
秦元明　袁春湘　郭　慧　梁凤云
黄国珍　喻海松　景光强　蒋　明
蒋　蔚　覃　丹　韩　峰　臧　震

英文审定： 蒋惠岭　王　玧　李文雯　卢先堃

图表制作： 马　剑

统筹协调： 刘　泽

前 言

2014年是全面深化改革的元年。党的十八届三中全会、四中全会分别对全面深化改革和全面推进依法治国作出全面部署，为深化司法体制改革、建设公正高效权威的社会主义司法制度提供了坚强有力的政治保障，也为做好新时期人民法院工作指明了前进方向。

一年来，全国各级人民法院在以习近平同志为总书记的党中央坚强领导下，深入学习贯彻党的十八大、十八届三中、四中全会和习近平总书记系列重要讲话精神，认真落实十二届全国人大二次会议决议，紧紧围绕“让人民群众在每一个司法案件中感受到公平正义”的目标，牢牢坚持司法为民、公正司法工作主线，主动把握和积极适应经济发展新常态，忠实履行宪法和法律赋予的职责，依法独立公正行使审判权，推进司法改革，深化司法公开，加快审判体系和审判能力现代化建设，为全面建成小康社会、全面深化改革、全面推进依法治国、全面从严治党提供有力司法保障。

过去一年人民法院工作的发展进步，是党的坚强领导，人大及其常委会有力监督，政府、政协、有关部门、社会各界及人民群众大力支持的结果，是人大代表、政协委员关心爱护的结果，是各级人民法院和广大干警奋力拼搏的结果。

为主动接受社会各界监督，进一步推进司法公开，最高人民法院第六次发布《人民法院工作年度报告》。

最高人民法院
二〇一五年三月

目　　录

执法办案篇

管理创新篇

改革发展篇

执法办案篇

2014年，人民法院案件数量持续增长，案件质量稳中有进，审判执行工作总体态势平稳。最高人民法院共受理各类案件11 210件，[①] 同比上升1.76%；审结9882件，[②] 同比上升1.71%。地方各级人民法院共受理各类案件15 650 784件，同比上升10.09%；审执结13 796 525件，同比上升6.56%；案件标的金额26 190.90亿元。

2010～2014年地方各级人民法院审执结案件数量情况

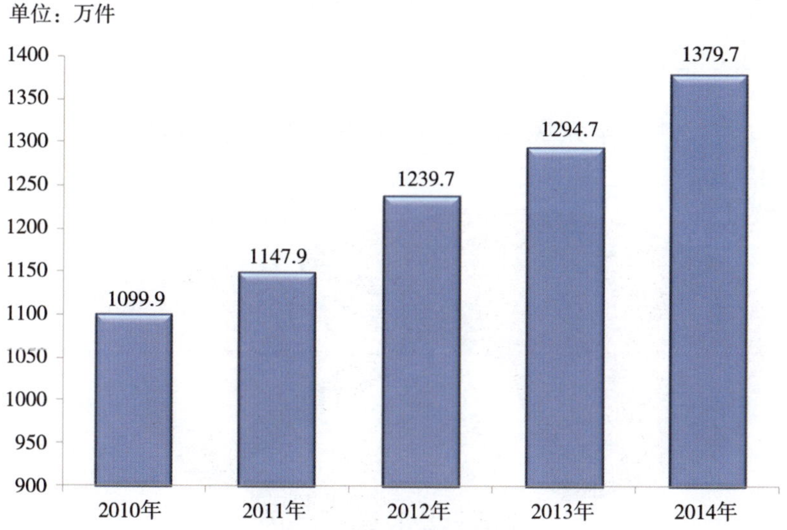

① 受理案件是指当年新收案件与上年结转案件的总和，下同。

② 审结案件含上年结转的案件，下同。

从案件构成看，在2014年审执结的各类案件中，刑事案件占8.30%；民商事案件占63.43%；行政案件占1.31%；审查申诉和申请再审案件占0.91%；国家赔偿案件占0.02%；执行案件占21.07%；减刑、假释案件占4.44%；其他案件占0.52%。其中，新收各类一审案件9 489 787件，同比上升6.91%，审结9 164 323件，同比上升6.75%；新收各类二审案件902 797件，同比上升17.57%，审结877 751件，同比上升17.04%；新收各类再审案件33 493件，同比下降10.69%，审结33 662件，同比下降8.97%。

2014年人民法院审执结各类案件构成情况

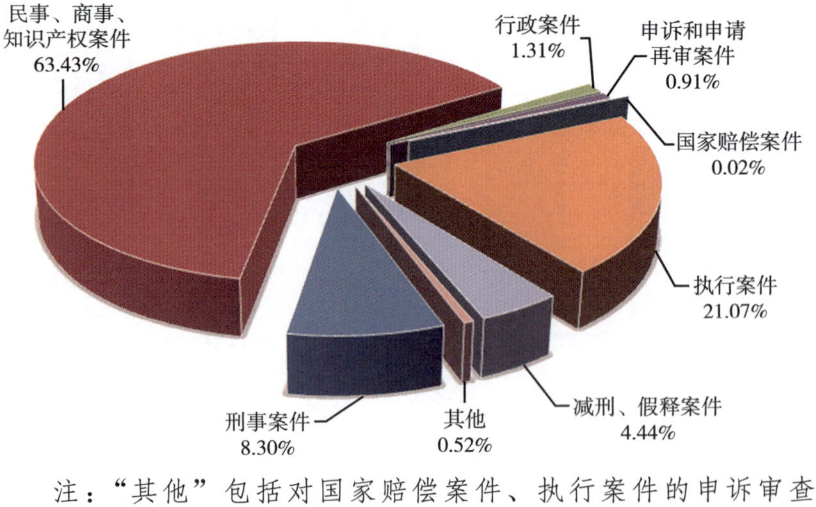

注："其他"包括对国家赔偿案件、执行案件的申诉审查与监督等案件。

从案件来源看，在 2014 年审执结的各类案件中，当事人直接向人民法院起诉、申请执行的案件占 88.12%；检察机关向人民法院提起的公诉、抗诉案件占 7.44%；刑罚执行机关向人民法院提起的减刑、假释案件占 4.44%。

2014 年人民法院审执结案件来源结构情况

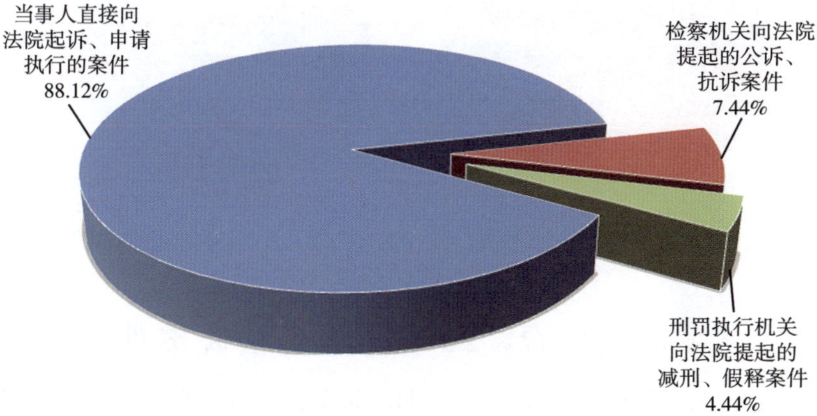

从案件效果看，各级人民法院在审判执行工作中，努力实现法律效果和社会效果的有机统一。在 2014 年审执结的各类一审案件中，当事人服判而直接生效的案件占 90.15%，当事人不服一审裁判向上一级人民法院提出上诉或由检察机关提起抗诉的案件占 9.85%；在全部生效案件中，一、二审

裁判生效后当事人服判的案件占98.61%，申诉和申请再审的案件占1.39%。

2014年**人民法院审执结案件效果情况**

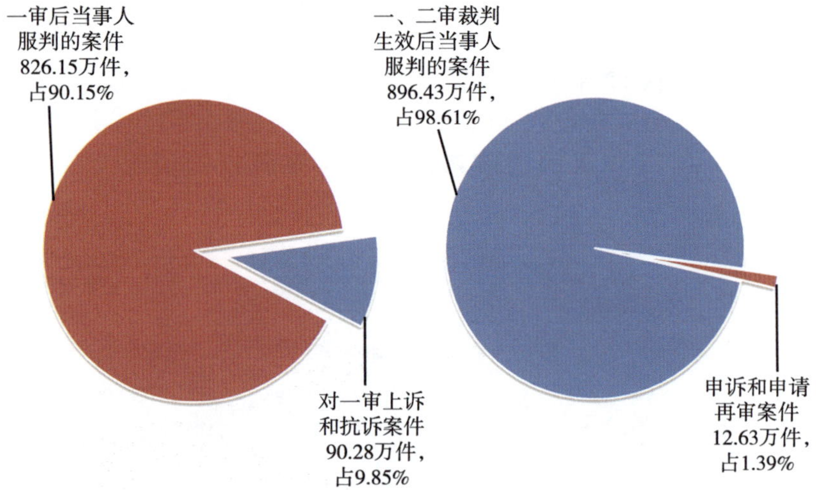

从案件质量看，2014年人民法院案件质量评估综合指数达到90.55，比2013年下降0.2。反映审判质量的生效案件改判率、生效案件发回重审率分别下降0.01和0.06个千分点；反映审判效率的长期超审限未结指数、长期超执行期限未执结指数分别下降0.02和1.34；反映司法公开的一审陪审率上升5.3个百分点；反映审判效果的上诉率下降0.9个百分点。

2014 年人民法院案件质量主要指标情况

指标名称	指标值	同比升降
立案变更率	4.76‰	↑
生效案件改判率	1.08‰	↓
一审案件陪审率	78.16%	↑
法官年人均结案数	72.2 件	↑
一审简易程序适用率	69.06%	↓
审限内结案率	99.28%	↓
调解率	32.94%	↓
申诉率	1.07%	↑
实际执行率	66.33%	↓
结案均衡度	0.76	↓

一、刑事审判工作

2014 年，人民法院严格执行刑事法律，切实贯彻宽严相济刑事政策，依法惩治各类刑事犯罪，积极参与社会治安综合治理，为深入推进平安中国、法治中国建设提供有力司法保障。

1. 案件审判情况

2014 年，各级人民法院新收一审、二审、再审刑事案件1 164 826件，审结1 144 838件，同比分别上升7.86%和8.03%。其中，审结一审刑事案件1 023 017件，判处罪犯1 183 784人，同比分别上升7.24%和2.25%。

2014年人民法院审结一审刑事案件情况

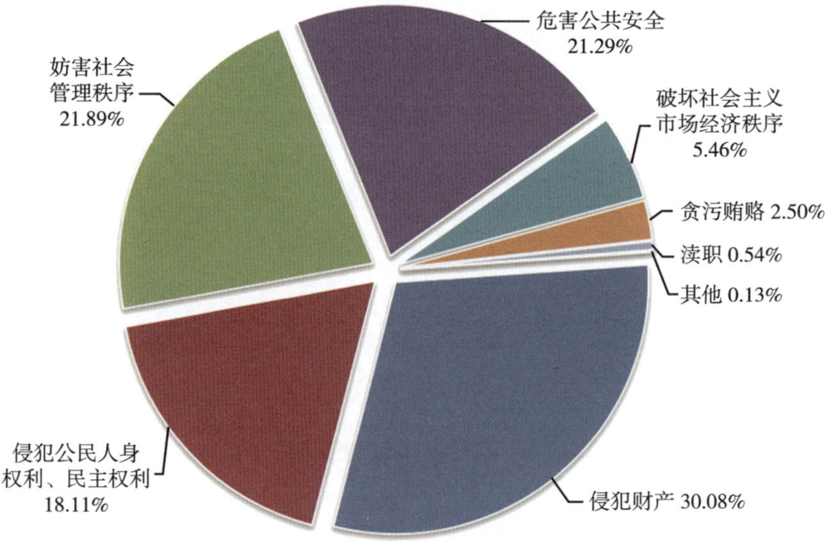

——依法严惩危害国家安全和公共安全犯罪。依法审理新疆和田“6·28”劫机案、云南昆明“3·01”暴恐案、北京天安门广场“10·28”暴恐案等一批暴力恐怖犯罪案件。全年共审结煽动分裂国家、暴力恐怖袭击、传播暴力恐怖音视频等危害国家安全和公共安全犯罪案件558件，判处罪犯

712人，同比分别上升14.8%和13.3%。有力打击恐怖势力、分裂势力，全力维护国家安全和社会稳定。

——依法严惩黑恶势力犯罪。依法审理刘汉、刘维等36人组织、领导、参加黑社会性质组织案。全年共审结组织、领导、参加黑社会性质组织犯罪315件，判处罪犯2227人，同比分别下降28.25%和24.28%。深入推进打黑除恶工作，有效提升人民群众安全感。

——依法严惩危害人民群众生命财产安全犯罪。审结故意杀人、故意伤害、爆炸、抢劫、绑架等严重暴力犯罪案件247 843件，判处罪犯304 063人，同比分别下降0.68%和6.33%；审结盗窃、诈骗、抢夺、敲诈勒索等多发性侵财犯罪案件307 688件，判处罪犯379 736人，同比分别上升1.44%和下降4.54%。依法保护人民群众的人身权、财产权等各项权利不受侵犯。

——依法严惩侵害妇女、儿童权益犯罪。审结强奸、强制猥亵侮辱妇女、猥亵儿童、拐卖妇女儿童、收买被拐卖的妇女儿童犯罪案件29 199件，判处罪犯27 578人，同比分别上升5.39%和0.07%，依法惩治性侵害未成年人犯罪，维护妇女、儿童合法权益。

——依法严惩破坏社会主义市场经济秩序犯罪。依法审理葛兰素史克公司行贿案等一批商业贿赂案件。全年共审结各类经济犯罪案件55 858件，判处罪犯72 612人，同比分别上升10.81%和4.64%。维护社会主义市场经济秩序，保障经济社会健康平稳发展。

——依法严惩涉医、危害食品安全和环境污染犯罪。依法审理涉医案件，坚决遏制涉医犯罪多发态势，维护正常医疗秩序，建立和谐医患关系。审结生产、销售瘦肉精、地沟油、问题奶粉、假药等伪劣商品犯罪案件13 012件，判处罪犯16 797人，同比分别上升89.18%和71.12%，保障人民群众生命健康安全。审结污染环境罪等破坏环境资源保护案件15 709件，判处罪犯19 295人，同比分别上升18.92%和8.45%。推进生态文明，建设美丽中国。

——依法严惩网络犯罪。依法审理“网络大V”“秦火火”、“边民”、“立二拆四”等诽谤、寻衅滋事、非法经营案，切实维护网络秩序，净化网络空间。依法审理网络盗窃、电信诈骗等涉众型网络犯罪，保障人民群众财产安全。全年共审结非法侵入计算机信息系统罪、破坏计算机信息系统罪案件98件，判处罪犯135人，同比分别上升25.64%和下降1.46%。加大对信息网络安全的保护力度。

——依法严惩毒品犯罪。充分运用刑罚手段，坚决依法严惩走私、制造毒品，大宗贩卖毒品等源头性犯罪和毒枭、职业毒犯、累犯、毒品再犯等犯罪分子。全年共审结各类毒品犯罪案件106 803件，判处罪犯109 688人，同比分别上升12.17%和10.27%，其中被判处五年有期徒刑以上重刑的被告人24 856人，占22.66%，高于同期全部被告人重刑率13.23个百分点。有效打击、震慑和预防毒品犯罪。

——依法严惩贪污贿赂犯罪和渎职犯罪。依法审理广西政协原副主席李达球、国家发展和改革委员会原副主任刘铁男、原铁道部副总工程师张曙光受贿案等案件。全年共审结贪污贿赂犯罪案件25 583件，判处罪犯25 676人，同比分别上升6.86%和下降0.48%，其中被判处五年有期徒刑以上重刑的被告人7421人，占28.86%；审结行贿案件2941件，判处罪犯2394人，同比分别上升32.90%和12.08%；审结渎职犯罪案件5496件，判处罪犯5907人，同比分别上升6%和3.80%。

充分发挥人民法院在反腐败中的职能作用。有力推动反腐败斗争深入开展。

——依法惩处涉外刑事犯罪。依法审理英国籍被告人彼特·威廉·汉弗莱非法获取公民个人信息案等涉外刑事案件。全年共判处外国人罪犯 210 人。维护中国司法主权，彰显司法权威。

——依法审慎审判、复核死刑案件。坚持“严格控制，慎重适用死刑”政策，严把案件事实证据关、法律政策关，认真落实修改后刑事诉讼法关于听取最高人民检察院意见和辩护律师意见的规定，确保死刑只适用于极少数罪行极其严重的犯罪分子。

——依法办理减刑、假释案件。办理减刑案件 575 018件，假释案件 37 254 件，同比分别下降 5.26%和 23.81%。建立健全减刑、假释工作程序，严格把握实体条件，确保刑罚执行的良好效果。

2. 制度建设和落实情况

——及时出台司法解释和规范性文件。出台《关于办理暴力恐怖和宗教极端刑事案件适用法律若干问题的意见》，依法严惩暴力恐怖和宗教极端犯罪。发布《关于办理危害药品安全刑事案件适用法律若干问题的解释》，强化对人民群众用药安全的刑事司法保护。发布《关于办理走私刑事案件适用法律若干问题的解释》，明确走私犯罪的定罪量刑标准。出台《关于依法惩处涉医违法犯罪维护正常医疗秩序的意见》，严厉打击“医闹”行为，维护和谐医患关系。出台《关于办理网络犯罪案件适用刑事诉讼程序若干问题的意见》、《关于依法办理非法生产销售使用“伪基站”设备案件的意见》，依法惩处网络犯罪，维护良好网络环境。

——正式开展量刑规范化工作。认真落实《关于常见犯罪的量刑指导意见》，各高级人民法院制定实施细则并上网公布，进一步统一和明确量刑指导原则、量刑方法、量刑程序、量刑情节的适用，确保量刑公开、公平、公正，提升司法透明度和公信力。

——启动速裁程序改革试点。根据全国人大常委会授权，在部分地区开展刑事案件速裁试点工作。制定《关于在部分地区开展刑事案件速裁程序试点工作的办法》，进一步探索落实认罪认罚从宽制度，在优化司法资源配置、维护司法公正、提高办案效率等方面初见成效。

——规范减刑、假释和暂予监外执行工作。落实中央政法委《关于严格规范减刑、假释、暂予监外执行切实防止司法腐败的意见》，发布《关于减刑、假释案件审理程序的规定》和《暂予监外执行规定》，建立职务犯罪罪犯减刑、假释、暂予监外执行案件备案审查制度，建立减刑、假释、暂予监外执行工作监督检查长效机制，从严控制职务犯罪、黑社会性质组织犯罪、金融犯罪三类罪犯的减刑、假释，确保刑罚执行面前人人平等。2014 年，全国法院共受理“三类罪犯”减刑案件15 436件，其中改变执行机关报请幅度 5203 件，占 34%，同比上升 15 个百分点；裁定不予减刑案件 741 件，占 4.8%，同比上升 3 个百分点；受理“三类罪犯”假释案件 1845 件，裁定不予假释 198 件，占 10.73%，同比上升 5 个百分点。2014 年，全国法院共收监暂予监外执行罪犯 1739 人。

二、民商事审判工作

2014 年，各级人民法院新收一审、二审、再审民商事案件9 068 011件，审结8 750 735件，同比分别上升 7.41%和 7.29%。其中，审结一审民商事案件8 010 342件，同比上升 6.65%，案件标的金额14 983亿元，同比上升 9.91%。

在一审民商事案件中，审结婚姻家庭、继承纠纷案件1 618 904件，同比上升 0.43%；合同纠纷案件4 375 771件，同比上升 10.58%；权属、侵权以及其他纠纷案件2 015 667件，同比上升 3.81%。

2014 年增幅或降幅较大的合同纠纷案件情况

案件类型	结案（件）	同比增减变化
信用卡纠纷	95 120	43.43%
建设工程合同纠纷	108 195	17.68%
借款合同纠纷	1 653 846	16.47%
保险合同纠纷	90 552	15.02%
居间合同纠纷	11 382	13.56%
储蓄存款合同纠纷	3228	−3.93%
经营合同纠纷	39 770	−5.01%
供用电、水、气、热力合同纠纷	54 235	−11.34%
农村承包合同纠纷	18 530	−18.92%
电信合同纠纷	68 388	−44.11%

（一）民事审判工作

2014 年，人民法院充分发挥民事审判职能作用，依法审理各类民事案件，保障和改善民生，维护人民合法权益。

1. 案件审判情况

——依法审理婚姻家庭和继承纠纷案件。审结婚姻家庭和继承纠纷案件1 618 904件，同比上升0.43%。其中，离婚纠纷案件1 307 242件，同比上升 1.86%；赡养纠纷案件24 573件，同比上升0.57%；抚养、扶养纠纷案件50 076件，同比上升5.08%；抚育费纠纷案件27 674件，同比上升3.15%；继承纠纷案件84 452件，同比下降24.11%。促进家庭和睦，维护社会稳定，保护无过错方及弱势群体合法权益，特别注重保护农村留守老人、妇女、儿童、残疾人的合法权益。

2014 **年人民法院审结一审婚姻家庭和继承纠纷案件情况**

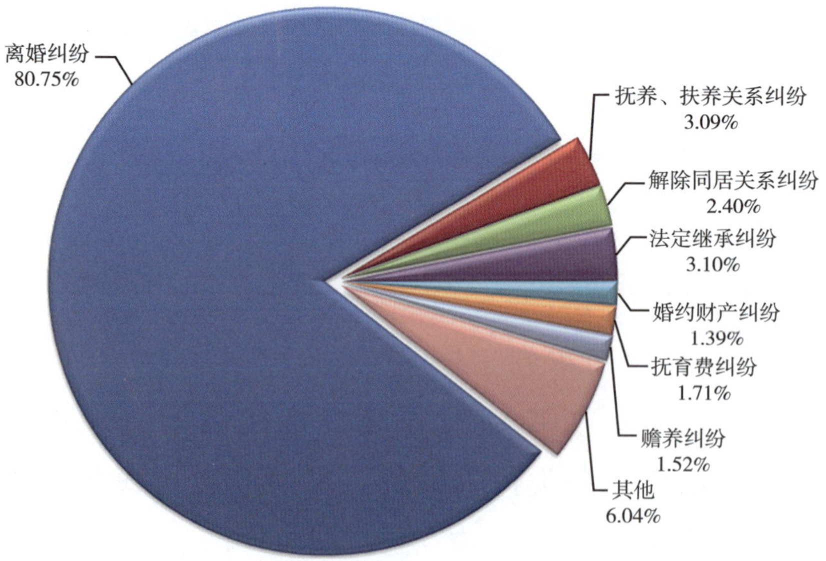

——依法审理劳动争议案件。坚持劳动者权益保护与企业生存发展平衡保护原则，审结劳动争议案件374 299件，同比上升 5.52%。维护劳动者合法权益，促进企业健康发展，促进劳动关系和谐稳定。

——依法审理“三农”案件。审结农村承包合同纠纷案件18 530件，同比下降 18.92%；宅基地纠纷案件 2239 件，同比上升 1.73%。维护农民合法权益，促进农业现代化，推动新型城镇化建设。

——依法审理侵权案件。审结权属侵权类纠纷案件1 605 726件，同比上升 5.51%。其中，道路交通事故赔偿案件769 147件，同比上升 1.10%；医疗损害赔偿纠纷案件 18 340 件，同比上升 4.62%；财产损害赔偿案件112 762件，同比上升 4.69%；财产权属纠纷案件34 565件，同比下降 6.49%；产品责任案件 8994 件，同比上升 44.53%。制裁侵权行为，保障人民群众的生命健康权和财产权。

——依法审理房地产案件。审结房地产开发经营合同纠纷案件165 928件，同比上升 4.86%；商品房预售合同纠纷案件 117 587 件，同比上升

6.07%；建设工程合同纠纷案件108 195件，同比上升17.68%；房屋拆迁合同纠纷案件17 080件，同比上升9.61%；土地使用权出让合同纠纷案件1039件，同比上升17.14%；土地使用权转让合同纠纷案件1635件，同比上升7.92%；国有土地租赁合同纠纷案件5742件，同比上升45.15%。引导建立和规范诚实守信的市场交易秩序，促进房地产业健康发展。

——依法审理民间借贷纠纷案件。审结民间借贷纠纷案件1 024 379件，同比上升19.85%。规范民间借贷行为，解决中小微企业融资难问题，防止局部地区金融风险，保障金融秩序稳定，促进实体经济健康发展，维护社会和谐稳定。

——依法审理消费者维权案件。审结产品责任纠纷案件8994件，同比上升44.53%；服务合同纠纷案件325 743件，同比上升10.57%；电信合同纠纷案件68 388件，同比下降44.11%；邮政合同纠纷案件392件，同比上升30.67%。保护消费者合法权益，提升经营者守法水平，维护社会主义市场经济秩序。

2014 **年人民法院审结一审权属侵权及其他民事案件情况**

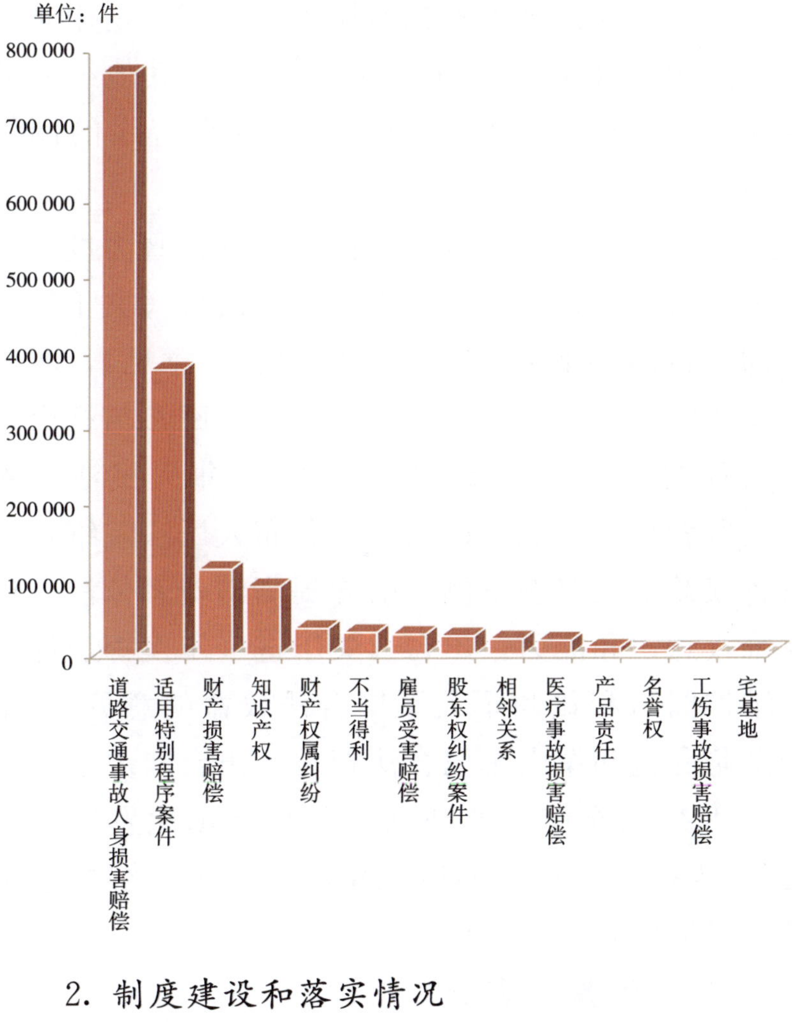

2. 制度建设和落实情况

——及时出台司法解释和规范性文件。发布《关于审理涉及农村土地承包经营纠纷调解仲裁案件适用法律若干问题的解释》，实现农村土地承包经营纠纷仲裁与诉讼的顺畅对接。发布《关于审理利用信息网络侵害人身权益民事纠纷案件适用法律若干问题的规定》，保护公民、法人和其他组织的合法权益，规范网络行为，营造规范有序的网络环境。

——加大对民事审判工作的指导监督力度。召开第三次全国人民法庭工作会议，出台《关于进一步加强新形势下人民法庭工作的若干意见》，明确人民法庭职能定位，切实发挥人民法庭参与社会基层治理的作用。发布《2010—2013 年人民法院维护消费者权益状况》白皮书，公布人民法院维护消费者权益十大典型案例，引导提高消费者依法、理性维权意识和能力。出台《关于进一步发挥职能作用维护国防利益和军人军属合法权益的意见》，维护国防利益和军人军属合法权益。出台《关于充分发挥审判职能作用推动国家新型城镇化发展的意见》，为推进国家新型城镇化战略以及经济社会和谐发展提供有力司法保障。

（二）商事审判工作

2014 年，人民法院认真履行商事审判职能，平等保护各类市场主体合法权益，促进经济社会持续健康发展。

1. 案件审判情况

——依法审理金融纠纷案件。依法审理对经济社会影响较大的资本市场内幕交易纠纷、地方政府债务清偿、大型实体经济企业保护以及因违法犯罪大要案引发的商事纠纷案件。全年共审结借款合同纠纷案件1 653 846件，同比上升 16.47%；新类型融资租赁合同纠纷案件 10 591 件，同比上升 34.56%；保险合同纠纷案件90 552件，同比上升 15.02%；企业间借款合同纠纷案件11 164件，同比下降 0.07%，取得了良好的法律效果和社会效果。

——依法审理股东权和证券纠纷案件。审结股份转让、股权确认等股东权纠纷案件24 446件，同比上升 36.28%；证券纠纷案件 2413 件，同比上升 579.72%。促进资本市场的有序发展和证券交易的顺利进行。

——妥善解决企业破产纠纷。审结企业破产案件 2059 件，同比上升 3.05%。深入研究产业结构调整中，企业依法退市所涉法律问题，正确适用破产清算程序，为产业升级、经济结构调整提供司法保障。

2. 制度建设和落实情况

——及时制定司法解释和规范性文件。发布《最高人民法院关于修改关于适用〈中华人民共和国公司法〉若干问题的规定的决定》，并重新公布《关于适用〈中华人民共和国公司法〉若干问题的规定》（一）、（二）、（三）三个司法解释，为市场主体发展壮大提供良好的法治环境。发布《关于审理融资租赁合同纠纷案件适用法律问题的解释》，促进和规范融资租赁业健康发展。出台《关于人民法院为企业兼并重组提供司法保障的指导意见》，完善和优化企业兼并重组法治环境，推进企业兼并重组顺利进行。

——加强商事审判工作指导。组织召开工商业界及非公企业界代表座谈会，就人民法院为非公有制经济健康发展提供司法保障征求意见建议。出台《关于依法平等保护非公有制经济促进非公有制经济健康发展的意见》，指导各级人民法院依法平等保护非公有制经济合法权益。印发《关于在部分人民法院开展破产案件审理方式改革试点工作的通知》，在全国21家法院开展试点工作，建立完善的企业破产法治保障体系。

——参与立法工作。参加《保险法》、《证券法》、《信托法》修改工作，参与《期货法》立法工作，调研论证若干重大问题，提出意见和建议。

（三）知识产权审判工作

2014 年，人民法院全面贯彻实施创新驱动发展战略，积极推进知识产权司法体制改革，为建设创新型国家提供保障。

1. 案件审判情况

——依法保护知识产权民事权益。审结知识产权民事一审案件94 501件，同比上升 7.04%。其中，专利权案件 9225 件，同比上升 0.56%；商标权案件21 336件，同比下降 4.57%；著作权案件59 174件，同比上升 13.24%；技术合同案件 1016件，同比上升 11.89%；不正当竞争纠纷案件 1355件，同比上升 13.39%；其他知识产权案件 2395件，同比下降 0.08%，切实发挥民事审判在保护知识产权中的主渠道作用。最高人民法院审结奇虎公司与腾讯公司不正当竞争和垄断两起案件，对促进市场资源优化配置、规范互联网领域竞争秩序具有里程碑意义。

——严厉打击知识产权刑事犯罪。审结涉知识产权侵权的刑事一审案件10 803件，同比上升17.27%；判决发生法律效力13 904人，同比上升

3.58%。继续保持打击侵犯知识产权犯罪的高压态势，有效惩治和震慑侵犯知识产权犯罪行为。

——监督知识产权行政机关依法行使职权。依法审理专利商标授权确权等知识产权行政案件。全年共审结知识产权行政一审案件4887件，同比上升68.46%。规范知识产权行政行为，保障行政相对人合法权益。

2010～2014年人民法院审结各类知识产权一审案件情况

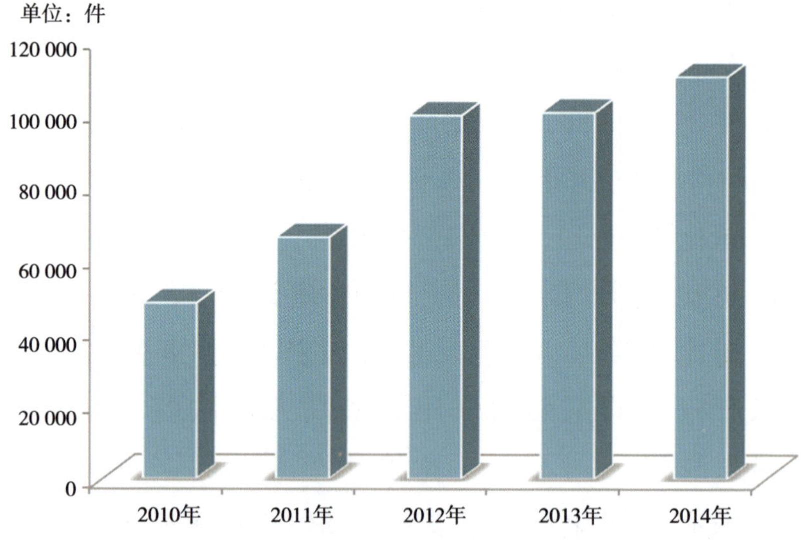

2. 制度建设和落实情况

——完善知识产权审判工作机制。发布《关于商标法修改决定施行后商标案件管辖和法律适用问题的解释》，明确新商标法颁布后案件管辖和新旧法律适用的基本原则和标准，确保新商标法的正确贯彻实施。合理布局知识产权案件管辖法院，适度从严控制专利、驰名商标等案件的管辖法院数量。截至 2014 年年底，全国具有专利、植物新品种、集成电路布图设计和涉及驰名商标认定的民事纠纷案件管辖权的中级人民法院分别为 87 个、46 个、46 个和 45 个，具有一般知识产权案件管辖权的基层人民法院 164 个。北京知识产权法院专属管辖授权确权类知识产权行政案件。进一步完善技术事实查明机制，强化对鉴定意见、专家意见的审查，不断提高技术事实认定的科学性。最高人民法院聘任 10 名院士作为特邀科学技术咨询专家，地方法院建立健全科技专家库，完善专家型人民陪审员参审机制。

——增强知识产权司法保护透明度。加大司法公开力度，对于社会关注度高的案件，以“全媒体”形式对案件审理进行全景展示。最高人民法院将健龙卫浴案在首个外交使节开放日进行庭审直播，受到国内外广泛关注。在“4·26”世界知识产权日，最高人民法院和 10 个高级人民法院分别发布知识产权司法保护状况白皮书、知识产权典型案例，构建立体化、全方位的宣传模式，形成新闻品牌效应。

（四）涉外、涉港澳台以及海事海商审判工作

2014年，人民法院全面实施审判精品战略，进一步完善涉外商事海事审判体制和工作机制，不断优化涉外商事海事司法环境，推动海峡两岸经济合作和港澳经济繁荣。

2014年人民法院审结一审涉外、涉港澳台以及海事海商案件情况

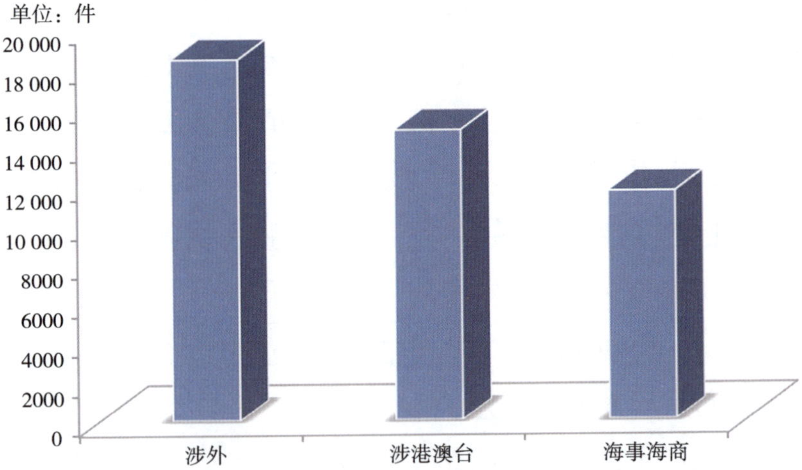

1. 案件审判情况

——依法审理涉外民商事案件。审结各类涉外民商事案件15 780件，与上年基本持平。其中，涉外合同纠纷案件5804件，同比上升8.2%；信用证纠纷案件401件，同比下降18.16%；涉外权属及侵权纠纷案件 3139 件，同比下降 2.55%；申请承认与执行外国法院民商事判决案件 1044 件，同比下降 13.29%；申请承认与执行外国商事仲裁裁决案件 30 件，同比下降 14.29%。平等保护中外当事人合法权益，以更加公开透明的司法审判，为开放型经济新体制提供良好司法环境。

——依法审理海事海商案件。审结各类海事海商案件11 678件，同比上升 3.35%。其中，涉及船舶碰撞、船舶及港口作业污染损害赔偿等海事侵权案件 1863 件，同比上升 45.89%；涉及海上货物运输合同、海上保险合同、船舶建造和买卖合同等海商合同纠纷案件 9654 件，同比下降 1.26%。有效维护航运贸易秩序，大力促进海洋经济发展，为海洋强国战略实施提供有力司法保障。

——依法审理涉台和涉港澳民商事案件。审结各类涉台民商事案件 4956 件，同比下降 11.52%；涉港民商事案件 8229 件，同比下降 1.41%；涉澳民商事案件 814 件，同比上升 0.25%。认可港澳台地区民事判决、裁定、调解书 333 件，同比上升 21.09%。为推动海峡两岸经贸合作，促进港澳经济繁荣发展提供保障。

2. 制度建设和落实情况

——提高司法国际影响力。公开开庭审理新加坡中华环保科技技术集团有限公司与大拇指环保科技集团（福建）有限公司股东出资纠纷上诉案，充分展现涉外商事审判的国际化水平。开展海事审判三十年系列活动，首次发布海事司法三十年中英文白皮书，公布十大典型案例，加快打造国际海事司法中心。依法执结涉日“中威执行案”，树立司法国际权威。

——健全审判工作机制。授权广东省横琴新区法院、前海法院集中管辖珠海、深圳辖区一审涉外、涉港澳台案件，构建开放型经济新体制的涉外、涉港澳台管辖格局。与中国政法大学合作建立外国法查明研究基地，与西南政法大学合作建立东盟法查明中心，探索域外法查明与适用机制。试点海事民事、行政案件一体化管辖，完善海事审判管辖范围，统一海事案件法律适用。扩大台胞担任陪审员数量，港澳同胞担任陪审员参审工作即将全面推开。

（五）环境资源审判工作

2014 年，人民法院充分发挥环境资源审判职能，保障环境资源法律法规的全面正确实施，推动生态环境司法治理和生态文明建设，及时回应人民群众对环境资源司法的新期待，为建设美丽中国提供坚实的司法保障。

1. 案件审判情况

——依法审理环境资源合同案件。审结环境资源合同纠纷一审案件72 822件，同比下降 13.42%。其中，供用电、水、气、热力合同纠纷案件54 235件，同比下降 11.34%；中外合作勘探开发自然资源合同纠纷案件 57 件，同比下降 32.14%。高度重视涉民生资源合同纠纷案件的审理，依法保障人民群众的合法权益。

——依法审理环境资源权属、侵权案件。审结环境资源权属、侵权纠纷一审案件 3331 件，同比上升 35.19%。其中，采矿权纠纷案件 147 件，同比下降 7.55%；自然资源使用权纠纷案件 303 件，同比下降 24.06%；环境污染损害赔偿案件 2881 件，同比上升 51.15%。保障资源使用权人的合法权益，惩治侵权行为，保护生态环境，促进自然资源的合理开发利用。

2014 年人民法院审理资源开发、环境保护民事案件情况

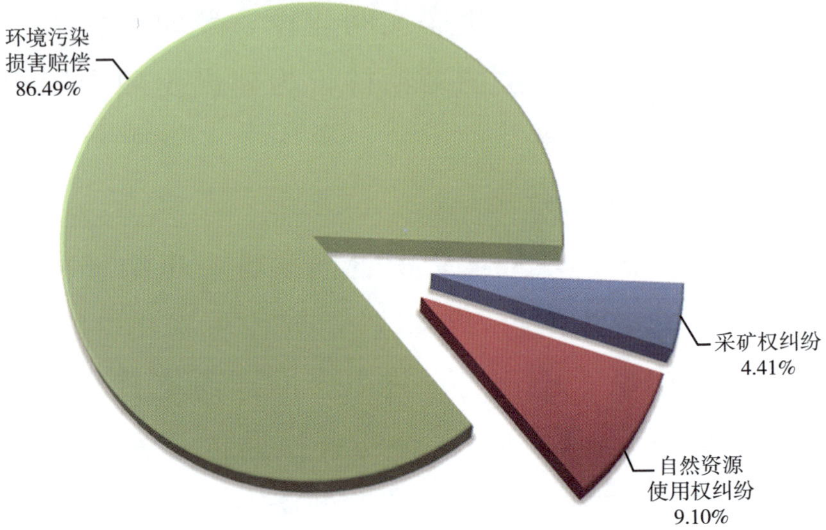

2. 制度建设和落实情况

——构建环境资源审判基本框架。最高人民法院设立环境资源审判庭，专门负责环境资源案件的审理和指导工作。出台《关于全面加强环境资源审判工作为推进生态文明建设提供有力司法保障的意见》，指导全国法院环境资源审判工作。截至 2014 年年底，已有 20 个省（区、市）设立了 373 个环境保护法庭、合议庭或巡回法庭。基层法院设立的环境资源审判机构有 292 个，中级法院有 63 个，高级法院有 17 个。

——指导环境资源审判工作。发布《关于审理环境民事公益诉讼案件适用法律若干问题的解释》，进一步细化《民事诉讼法》和《环境保护法》关于环境民事公益诉讼的规定，破解环境民事公益诉讼难题。印发《关于贯彻实施环境民事公益诉讼制度的通知》，做好行政执法与环境司法的有效衔接。落实法制建设和司法公开的基本要求，公布九个涉及环境资源保护尤其是环境公益诉讼的指导案例，统一环境资源司法裁判尺度。建立环境民事公益诉讼案件“一案一报送”制度，及时掌握全国环境民事公益诉讼案件情况，观摩指导重大案件的审理。江苏省泰州市环保联合会诉江苏常隆农化有限公司等6家企业环境污染损害赔偿案，入选2014年全国十大民事案件，对各级人民法院环境民事公益诉讼案件的受理和审理起到了示范作用。

——创新环境资源案件管辖和审理模式。探索环境资源刑事、民事和行政案件集中归口审理模式，统一各类案件的裁判尺度，克服地方保护主义，实现环境资源案件的优质高效审理。探索以流域等生态系统或以生态功能区为单位，逐步改变目前以行政区划人为分割自然形成的流域等生态系统的管辖模式，实行对环境资源案件跨行政区域的集中管辖。

三、行政审判工作

2014年，人民法院依法公正审理行政案件，积极参与行政诉讼法修改，推进行政诉讼体制机制改革，发挥行政审判在推动法治政府建设中的作用，有效维护人民群众合法权益及社会和谐稳定。

1. 案件审判情况

2014年，各级人民法院共新收一审、二审和再审行政案件193 240件，审结180 163件，同比分别上升20.98%和15.09%。其中，新收一审行政案件141 880件，审结130 964件，同比分别上升15.17%和8.53%。

——案件类型涉及几乎所有行政管理领域。审结城建类案件（规划、拆迁、房屋登记等）20 860件，同比上升5.77%；劳动和社会保障类案件12 002件，同比上升4.87%；公安类案件13 829件，同比上升35.17%；资源类案件（土地、地矿、林业、草原等）18 658件，同比上升3.90%；乡政府类案件2324件，同比上升12.71%；商标类案件4361件，同比上升104.65%；计划生育类案件5009件，同比下降38.56%；交通类案件2043件，同比下降18.57%。通过审理行政案件，有效促进行政机关依法行政。

2014年人民法院审结一审行政案件涉及行政管理领域情况

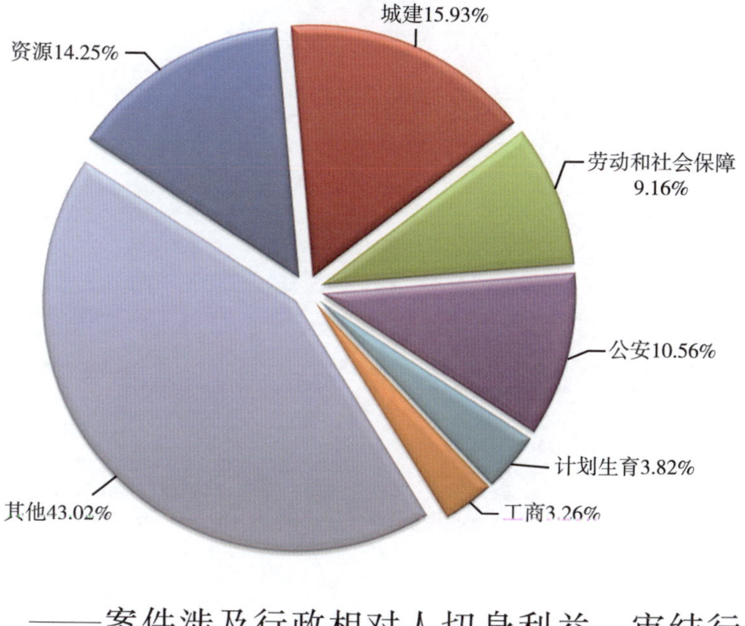

——案件涉及行政相对人切身利益。审结行政不作为案件12 889件，同比上升12.13%；行政处罚案件19 514件，同比下降9.54%；行政裁决案件13 092件，同比上升12.44%；行政许可案件5384件，同比下降10.93%；行政强制措施案件3312

件，同比上升 28.62%；行政补偿案件 1671 件，同比下降 17.97%；其他行政案件75 102件，同比上升 15%。通过审理关系到行政相对人切身利益的行政案件，切实维护人民群众合法权益。

2014 年人民法院审结一审行政案件具体类型情况

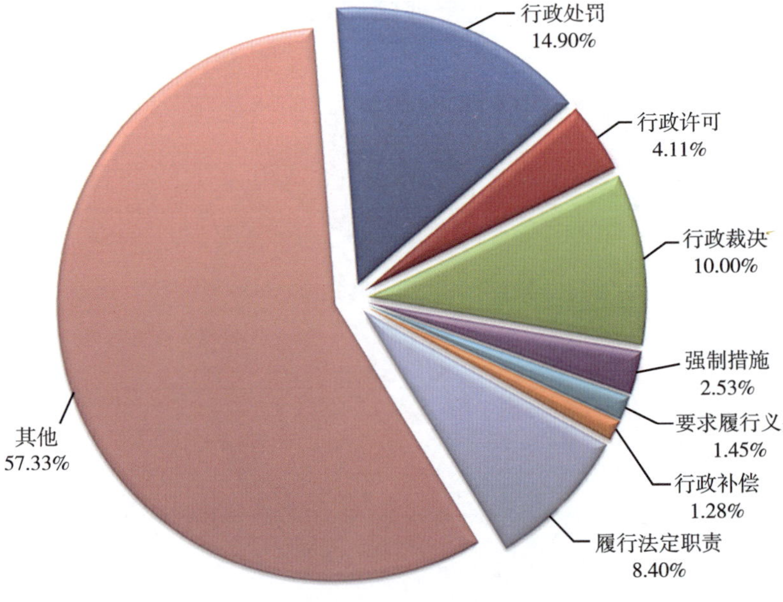

2. 制度建设和落实情况

——参与《行政诉讼法》修改。配合立法机关做好《行政诉讼法》修改工作，与立法机关共同调研行政审判工作重点难点问题，广泛收集整理意见和建议，共同研究起草修改条文，提供第一手的实践素材，为法律的成功修改作出积极贡献。召开全国法院行政审判工作视频会，对认真学习贯彻新修改的行政诉讼法等工作作出部署。

——加强行政审判指导。发布《关于审理工伤保险行政案件若干问题的规定》，规范工伤认定的审理和裁判，强化对劳动保障部门依法行政指引，统一工伤认定标准和认定程序。发布“行政不作为十大案例”、“征收拆迁十大案例”、“信息公开十大案例”、“环境保护十大案例”，规范行政行为，统一裁判尺度。扩大裁执分离领域和试点地区，与有关部门联合召开房屋征收工作经验交流会，就裁执分离工作作出部署，推进征收拆迁依法有序进行。完善行政案件集中管辖、交叉管辖、提级管辖等措施，克服地方和部门保护主义干扰。

四、国家赔偿工作

2014 年，人民法院坚持法治原则，忠诚履行国家赔偿工作人权保障的法定职责，充分发挥国家赔偿权利救济职能，推动国家赔偿工作科学发展。

2010～2014 年人民法院审结国家赔偿案件情况

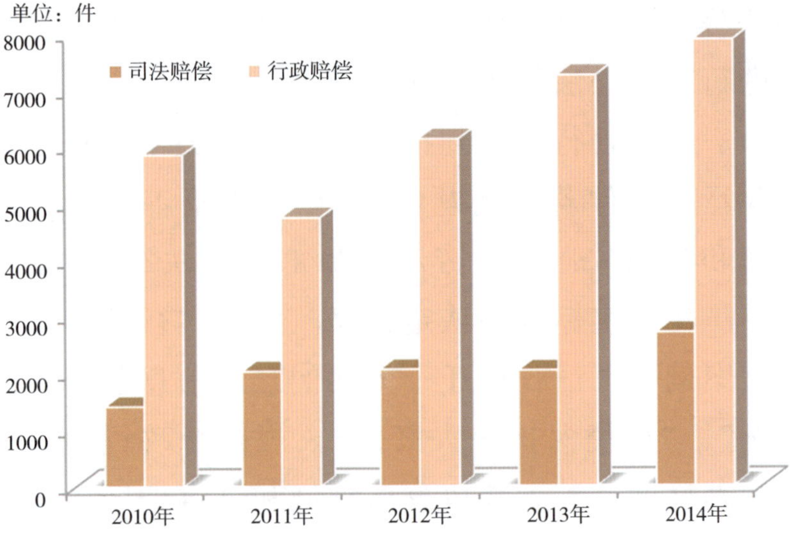

1. 案件审判情况

2014 年，各级人民法院共新收行政赔偿一审案件 8050 件，审结 7881 件，同比分别上升 8.58％和 8.55％。新收司法赔偿案件 2831 件，审结 2708 件，同比分别上升 38.1％和 32.42％。

——依法审理行政赔偿案件。审结行政赔偿一审案件 7881 件，同比上升 8.55％。其中，单独提起行政赔偿案件 6074 件，同比上升 4.60％；附带提起行政赔偿案件 1807 件，同比上升 24.36％。加大调解力度，全年成功调解赔偿案件 308 件，实现赔偿纠纷的实质性解决。

——依法审理司法赔偿案件。审结司法赔偿案件 2708 件，同比上升 32.42%。其中，刑事赔偿案件 1215 件，同比上升 36.52%；非刑事司法赔偿案件 1493 件，同比上升 29.26%。加大对赔偿请求人权益的保障力度，决定赔偿案件数量为 482 件，赔偿金额为 11 338.89 万元，同比上升 29.81%。其中，呼格吉勒图、徐辉等刑事冤错案件的受害人依法获得赔偿，体现了对人权的尊重和保障。

2. 制度建设和落实情况

——指导刑事冤错赔偿案件审理。研究制定《关于进一步加强刑事冤错案件国家赔偿工作的意见》，从国家赔偿与刑事纠错程序衔接、赔偿请求人诉权保护和法律释明、赔偿案件审理和决定执行、司法救助和善后安抚等方面，提出加强和改进国家赔偿工作的若干要求。出台《关于人民法院赔偿委员会审理国家赔偿案件适用精神损害赔偿若干问题的意见》，统一因行使司法权侵犯公民人身权益致人精神损害的责任构成、责任方式等疑难问题的法律适用标准，规范精神损害抚慰金自由裁量权的行使，充分实现对受害人的精神抚慰。

——创新国家赔偿司法公开、司法便民机制。

出台《关于进一步加强国家赔偿司法公开工作的若干意见》，完善国家赔偿司法公开工作制度规范，自觉接受社会公众监督，满足社会公众对国家赔偿工作的知情权和监督权。出台《关于进一步加强国家赔偿司法便民工作的若干意见》，完善国家赔偿司法便民工作制度，坚持高效便民原则，维护赔偿请求人合法权益，保障赔偿请求人及时获得赔偿。

五、执行工作

2014 年，人民法院坚持贯彻“标本兼治、一性两化”（执行工作强制性、信息化和规范化）的执行工作基本思路，大力开展执行工作专项活动，在解决执行难问题、提高执行公信力方面不断取得新进展。

1. 案件执行情况

2014 年，各级人民法院共新收各类执行案件 3 138 509 件，执结 2 906 861 件，同比分别上升 10.75%和上升 6.96%，案件标的金额 9089.41 亿元，同比上升 25.63%。

——依法执结各类案件。执结诉讼类执行案件

2 536 251件，同比上升 8.57%。其中，民商事执行案件2 427 210件，同比上升 10.00%；刑事执行案件102 490件，同比下降 14.78%；行政执行案件6551 件，同比下降 28.07%。执结非诉讼类执行案件370 610件，同比下降 2.92%。其中，行政非诉审查类案件155 427件，同比下降 6.54%；仲裁执行案件142 464件，同比上升 7.20%；公证债权文书执行案件22 206件，同比上升 11.89%；司法协助与其他执行案件50 513件，同比下降 19.46%。为实现发生法律效力的司法裁判，制止违法行为，保护当事人的合法权益，维护法治权威发挥了重要作用。

2014 **年人民法院执结各类执行案件情况**

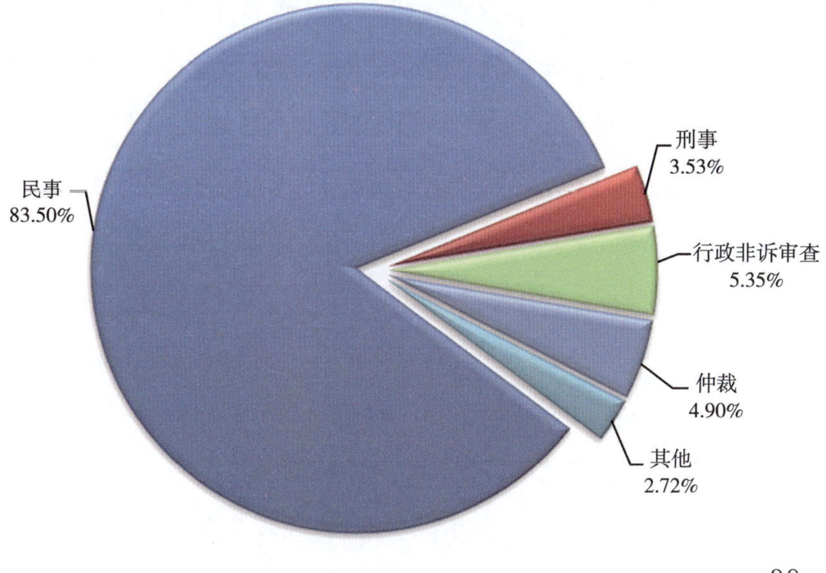

——清理专项领域执行积案。开展“转变执行作风、规范执行行为”专项活动，清理相关执行积案，全年共执结涉民生案件 24.67 万件，执行到位金额 80.9 亿元，司法救助当事人 1.4 万人次，救助金额 1.4 亿元；执结金融债权积案约 4000 件，执行到位金额 122 亿元；执结立案一年以上其他类型执行积案 92.13 万件，执行到位金额 1120.88 亿元。最高人民法院与有关部门联合开展集中打击拒不执行判决、裁定等犯罪行为专项活动，判处罪犯 696 人，同比上升 17.8%，有效惩治抗拒执行违法犯罪行为，坚决维护法律尊严和司法权威。

——全面核录执行案件。开展执行案件数据核录工作，以案件卷宗记载和实际执行的真实情况为依据，对 2007 年 1 月 1 日以后立案，并已录入全国法院执行案件信息管理系统中的全部案件逐案逐项信息进行核查，纠正错误、补充缺失；对未录入全国法院执行案件信息管理系统的案件，包括预立案、以各种非正式案号立案及应立案未立案的体外循环案件，办理立案、补录信息；2007 年以前立案至今未实际执结且未录入系统的案件，补录信息。全年共核查 2043 余万件案件，补录近 100 万件案件。

2. 制度建设和落实情况

——推进执行信息化建设。成立最高人民法院执行指挥办公室，建成以网络查控为核心，具备远程指挥、信息公开、信用惩戒、监督管理、决策分析六大主要功能的覆盖全国法院的执行指挥系统。最高人民法院与20家全国性银行建立“总对总”网络查控体系，各级人民法院可以通过该系统对被执行人在全国20家银行3000多个网点的财产进行查询与控制，实现执行查控方式和效率的变革。推进执行信息公开平台建设，将与执行工作有关的各类公开事项纳入中国执行信息公开网，保障当事人与社会公众的知情权和监督权。稳步推动网络司法拍卖改革，积极探索多种网络司法拍卖模式，全年发布司法拍卖信息78 132条，涉及金额4398亿元。

——加强联合信用惩戒。最高人民法院网站公布失信被执行人89.4万例，其中自然人77.6万名，法人及其他组织11.8万个。与有关部门联合对失信被执行人开展信用惩戒，共限制失信被执行人乘坐列车软卧3.1万人、5.6万人次，限制乘坐飞机4.5万人、105.5万人次，限制办理贷款和信用卡 10 万人次，有效震慑失信被执行人。

——推进执行规范化建设。发布《关于执行程序中计算迟延履行期间的债务利息适用法律若干问题的解释》、《关于刑事裁判涉财产部分执行的若干规定》、《关于人民法院办理执行异议和复议案件若干问题的规定》等司法解释，规范利息计算标准、执行异议复议案件办理规程等执行实践问题。发布《关于执行指挥系统建设的指导意见》、《人民法院执行流程公开的若干意见》、《执行案件立案、结案若干问题的意见》、《关于加强信息合作规范执行与协助执行的通知》等规范性文件，推动全国法院执行指挥系统规范化、标准化建设，理顺执行案件立案、结案流程管理，进一步保障执行案件当事人的合法权益。公开发布执行案件指导性案例，统一执行案件法律适用标准。

六、立案信访工作

2014 年，人民法院紧紧围绕法治化目标，推进涉诉信访改革，科学研判、积极推行立案登记制改革，大力推进诉讼服务中心建设，立案信访工作取得新突破。

2010～2014 年人民法院办理信访数量情况

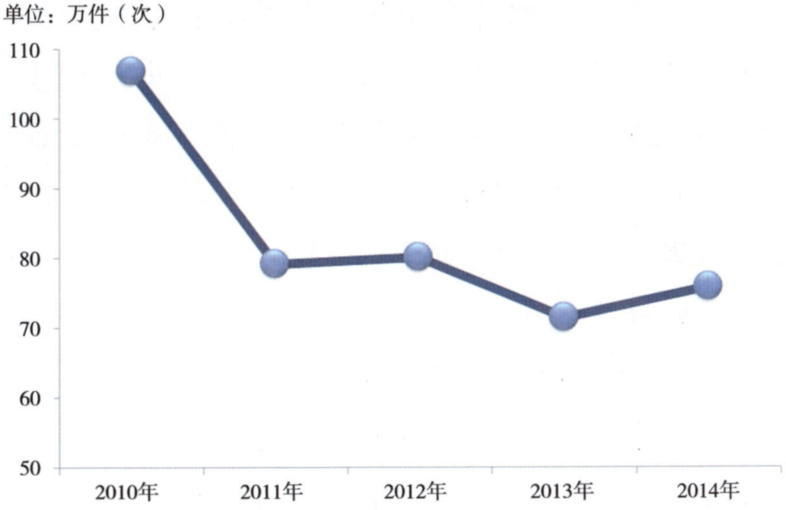

1. 案件办理情况

——依法审查立案。共审查立案10 426 077件，同比上升 7.64%。为确有困难的案件当事人减免诉讼费17 514.20万元，同比下降 9.18%。进一步规范和畅通案件入口，保障当事人依法行使诉讼权利，让有理无钱的人打得起官司。

——依法接待群众来访。最高人民法院登记来访52 648件（次），同比下降 25.11%，视频接访3331 件（次）；地方各级人民法院登记来访582 890件（次），同比上升 8.11%。牢固树立群众观念，勇于担当定分止争、保障权益、维护稳定的政治责任。

——依法办理群众来信。最高人民法院收到群众来信171 173件，同比下降10.32%，办理网上申诉信访2695件（次）；地方各级人民法院收到群众来信175 496件，同比上升0.08%。继续发挥申诉来信在表达诉求、密切联系方面的作用，推行来信数据化处理，统一信访入口。

2. 制度建设和落实情况

——推进涉诉信访法治化。制定《最高人民法院远程视频接访规则》，引导信访群众通过视频网络反映诉求。制定《人民法院涉诉信访依法终结工作办法》，规范涉诉信访终结程序。出台《关于规范涉诉信访司法救助工作的意见（试行）》，依法解决涉诉信访群众实际困难。发布《关于依法维护人民法院申诉信访秩序的规定》，引导人民群众合法有序表达诉求。

——推进涉诉信访信息化建设。上线网上申诉信访平台，实现“外网受理、内网办理、公开答复”。开通最高人民法院远程视频接访系统，实现与全国99%的地方法院的视频联通。加快推动区域视频接访系统建立，充分发挥视频接访在减轻群众诉累、减少赴省进京访等方面的积极作用。升级改版来信办理系统，实现来信录入、办理、流转、督办、数据统计等环节的网上运行。构建“视网人信”受理新格局，进一步拓宽和畅通涉诉信访渠道，破解涉诉信访工作“入口不顺”等难题。

——开展涉诉信访案件评查。最高人民法院评查512件重复进京访、滞留访、闹访案件，地方法院评查9600余件长期赴省进京上访案件。经评查，有瑕疵或错误的涉诉信访案件占21.2%，没有错误和瑕疵的案件占78.8%。

——建立诉讼服务新机制。推行诉讼服务大厅、诉讼服务网、“12368”诉讼服务热线“三位一体”、综合性的诉讼服务中心建设。出台《关于全面推进人民法院诉讼服务中心建设的指导意见》，不断完善诉讼服务工作机制。最高人民法院升级改造申诉信访大厅为诉讼服务大厅，开通“12368”诉讼服务热线，为当事人及人民群众提供自助和人工查询咨询服务。开通诉讼服务网，方便当事人咨询查询、预约立案、网上阅卷、联系法官、预约退费等，为人民群众提供方便快捷的诉讼服务。目前，全国法院诉讼服务场所面积超过 85 万平方米，1400 多个法院开通诉讼服务网，460 多个法院开通诉讼服务热线。

七、审判监督工作

2014 年，人民法院充分发挥审判监督职能，认真审理各类审判监督案件，及时纠正司法过程中的错误，依法维护正确生效裁判的稳定性，切实保障当事人的合法权益。

1. 案件审判情况

——依法审理申诉和申请再审案件。审结刑事和行政申诉、民事申请再审案件125 273件，同比上升 7.73%。其中，刑事申诉案件12 798件，同比上升 16.39%；行政申诉案件15 652件，同比上升 11.98%；民事申请再审案件96 823件，同比上升 6.03%。依法保障当事人的权利救济途径，确保程序正义。

2014 年人民法院审结申诉、申请再审案件情况

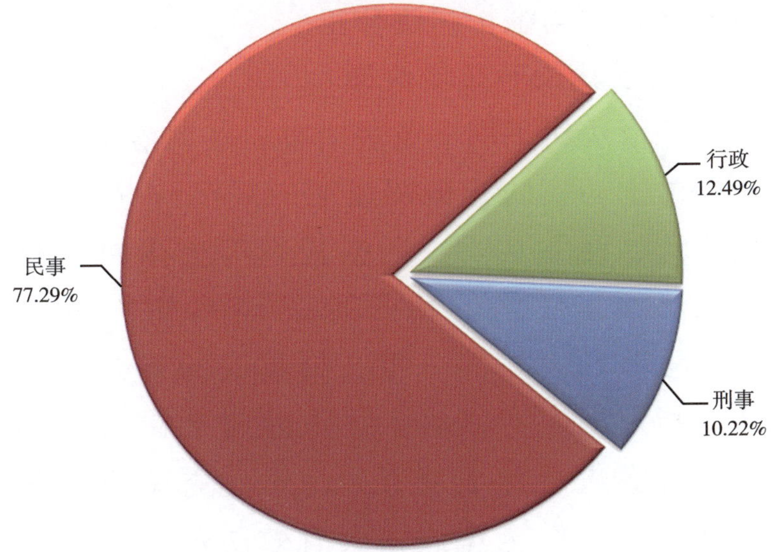

——依法审理再审案件。审结各类再审案件 33 662件，同比下降 8.97%。其中，改判 9635 件，同比上升 5.03%；发回重审 4281 件，同比下降 5.97%。再审改判和发回重审的案件占同期生效案件的 0.15%，少量确有错误的裁判得到及时纠正。审结的民事再审案件中，调解 3299 件，化解了一批持续时间较长的纠纷。

——依法审理抗诉案件。审结各类抗诉再审案件 4960 件，同比下降 38.05%。其中，改判 1280 件，同比下降 27.23%；发回重审 446 件，同比下

降 31.91%。依法审理检察机关对生效裁判提出的抗诉案件，共同维护司法公正。

2. 制度建设和落实情况

——依法纠正刑事冤假错案。贯彻落实《中央政法委关于切实防止冤假错案的规定》，严格落实罪刑法定、疑罪从无、证据裁判等法律原则和制度，依法纠正呼格吉勒图案等 10 件重大冤假错案，依法改判念斌等一批久拖不决的疑案被告人无罪，指定山东省高级人民法院对聂树斌故意杀人、强奸案进行异地复查。探索建立冤假错案监督指导模式，健全冤假错案有效防范、及时纠正机制，坚持尊重和保障人权，保障无罪的人不受刑事追究。

——规范指令再审和再审发回重审的适用。规范指令再审和再审发回重审的适用标准，限制指令再审和发回重审的随意性，提高再审纠错的及时性和有效性。全年共审结民事再审裁定发回重审案件 3811 件，占同期审结民事再审案件的 12.97%。

——推动全国铁路运输法院转型和发展。审核批准 18 个高级人民法院关于指定辖区内铁路运输法院受理非“涉铁”案件范围的请示，指定其审理交通运输、金融保险、执行以及减刑假释、行政等案件。两级铁路运输法院依托新类型案件开展全员“大练兵”活动，积极提升司法能力，为铁路运输法院新一轮改革提供实践支撑。

八、综合审判工作

2014 年，最高人民法院积极贯彻落实中央司法改革部署，优化审判资源配置，加强综合审判业务指导，在参与立法、审判委员会工作、综合性司法解释、指导案例、少年审判、涉港澳台司法事务等方面取得显著成效。

——参与立法工作。启动《人民法院组织法》修改研究工作，参与《刑法修正案（九）》、《国家安全法》、《反恐怖主义法》、《反间谍法》、《境外非政府组织管理法》、《立法法》、《大气污染防治法》、《广告法》、《不动产登记暂行条例》、《企业信息公示暂行条例》等立法工作，人民法院的意见和建议在上述立法工作中均得到充分吸收和体现。

——审判委员会工作。最高人民法院审判委员会共召开会议93次，其中全体会议37次，民事行政审判专业委员会会议34次，刑事审判专业委员会会议22次；共审议议题161件，其中司法解释21件，指导性案例29件，规范性文件16件，案件88件，其他事项7件。目前，最高人民法院正在稳步推进人民法院审判委员会制度改革。

——司法解释工作。完善司法解释制定程序，制定并发布司法解释15件，清理1949年以来司法解释715件，组织、协调、推动132件司法解释和司法解释性质文件的修改工作。编纂《最高人民法院司法解释全集（1949—2013）》。完成最高人民法院2014年度司法解释立项计划征求意见、审核工作；完成12件司法解释审核工作，5件司法解释临时立项的审查工作。加强综合性司法解释和规范性文件的起草工作，最高人民法院审判委员会原则通过《关于适用〈中华人民共和国民事诉讼法〉的解释》，[①] 发布《关于审理涉及公证活动相关民事案件的若干规定》等综合性司法解释。

---

① 该司法解释已于2015年2月4日发布施行。

2014 年最高人民法院发布的司法解释

序号	文件编号	司法解释名称
1	法释〔2014〕1 号	最高人民法院关于审理涉及农村土地承包经营纠纷调解仲裁案件适用法律若干问题的解释
2	法释〔2014〕2 号	最高人民法院关于修改《关于适用〈中华人民共和国公司法〉若干问题的规定》的决定
3	法释〔2014〕3 号	最高人民法院关于审理融资租赁合同纠纷案件适用法律问题的解释
4	法释〔2014〕4 号	最高人民法院关于商标法修改决定施行后商标案件管辖和法律适用问题的解释
5	法释〔2014〕5 号	最高人民法院关于减刑、假释案件审理程序的规定
6	法释〔2014〕6 号	最高人民法院关于审理涉及公证活动相关民事案件的若干规定
7	法释〔2014〕7 号	最高人民法院关于人民法院赔偿委员会依照《中华人民共和国国家赔偿法》第三十条规定纠正原生效的赔偿委员会决定应如何适用人身自由赔偿标准问题的批复
8	法释〔2014〕8 号	最高人民法院关于执行程序中计算迟延履行期间的债务利息适用法律若干问题的解释
9	法释〔2014〕9 号	最高人民法院关于审理工伤保险行政案件若干问题的规定
10	法释〔2014〕10 号	最高人民法院　最高人民检察院关于办理走私刑事案件适用法律若干问题的解释

续表

序号	文件编号	司法解释名称
11	法释〔2014〕11 号	最高人民法院关于审理利用信息网络侵害人身权益民事纠纷案件适用法律若干问题的规定
12	法释〔2014〕12 号	最高人民法院关于北京、上海、广州知识产权法院案件管辖的规定
13	法释〔2014〕13 号	最高人民法院关于刑事裁判涉财产部分执行的若干规定
14	法释〔2014〕14 号	最高人民法院　最高人民检察院关于办理危害药品安全刑事案件适用法律若干问题的解释
15	法释〔2014〕15 号	最高人民法院关于海上保险合同的保险人行使代位请求赔偿权利的诉讼时效期间起算日的批复

——案例指导工作。发布第六至九批共 22 个指导性案例，发布数量达前三年总和。其中，刑事案例 2 个，民事和执行案例 12 个，行政和国家赔偿案例 8 个。有利于解决司法实践中普遍存在、亟须指导的法律问题。制定《最高人民法院指导案例入选证书颁发办法》，向案例推荐法院颁发奖牌 53 个，向案例编写人员颁发证书 70 个，进一步提高案例编选推荐工作的积极性。

2014 年最高人民法院发布的指导性案例

序号	文件编号	案例名称
1	指导案例 23 号	孙银山诉南京欧尚超市有限公司江宁店买卖合同纠纷案
2	指导案例 24 号	荣宝英诉王阳、永诚财产保险股份有限公司江阴支公司机动车交通事故责任纠纷案
3	指导案例 25 号	华泰财产保险有限公司北京分公司诉李志贵、天安财产保险股份有限公司河北省分公司张家口支公司保险人代位求偿权纠纷案
4	指导案例 26 号	李健雄诉广东省交通运输厅政府信息公开案
5	指导案例 27 号	臧进泉等盗窃、诈骗案
6	指导案例 28 号	胡克金拒不支付劳动报酬案
7	指导案例 29 号	天津中国青年旅行社诉天津国青国际旅行社擅自使用他人企业名称纠纷案
8	指导案例 30 号	兰建军、杭州小拇指汽车维修科技股份有限公司诉天津市小拇指汽车维修服务有限公司等侵害商标权及不正当竞争纠纷案
9	指导案例 31 号	江苏炜伦航运股份有限公司诉米拉达玫瑰公司船舶碰撞损害赔偿纠纷案
10	指导案例 32 号	张某某、金某危险驾驶案

续表

序号	文件编号	案例名称
11	指导案例 33 号	瑞士嘉吉国际公司诉福建金石制油有限公司等确认合同无效纠纷案
12	指导案例 34 号	李晓玲、李鹏裕申请执行厦门海洋实业（集团）股份有限公司、厦门海洋实业总公司执行复议案
13	指导案例 35 号	广东龙正投资发展有限公司与广东景茂拍卖行有限公司委托拍卖执行复议案
14	指导案例 36 号	中投信用担保有限公司与海通证券股份有限公司等证券权益纠纷执行复议案
15	指导案例 37 号	上海金纬机械制造有限公司与瑞士瑞泰克公司仲裁裁决执行复议案
16	指导案例 38 号	田永诉北京科技大学拒绝颁发毕业证、学位证案
17	指导案例 39 号	何小强诉华中科技大学拒绝授予学位案
18	指导案例 40 号	孙立兴诉天津新技术产业园区劳动人事局工伤认定案
19	指导案例 41 号	宣懿成等诉浙江省衢州市国土资源局收回国有土地使用权案
20	指导案例 42 号	朱红蔚申请无罪逮捕赔偿案
21	指导案例 43 号	国泰君安证券股份有限公司海口滨海大道（天福酒店）证券营业部申请错误执行赔偿案
22	指导案例 44 号	卜新光申请刑事违法追缴赔偿案

——法律适用问题请示答复工作。办理《福建省高级人民法院关于基层法律服务工作者能否代理当事人任何一方均不在本辖区内的民事、行政诉讼案件的请示》、《四川省高级人民法院关于建设工程施工合同违反招投标法律规定，无效、验收合格的工程应当采取何种标准结算以及已经本院提审的再审案件应如何启动再审程序的请示》答复 21 件，发挥对下指导作用。

——少年审判工作。人民法院少年法庭共判处未成年犯50 415人，同比下降 9.68%，占全部罪犯的 4.26%，同比下降 0.56 个百分点。举办少年法庭三十年座谈会暨第三届少年审判论坛，统筹部署少年法庭工作，推动少年法庭跨越式发展。推动未成年人及家事案件综合审判改革，努力构建少年法庭“大少审”工作格局。出台《关于依法处理监护人侵害未成年人权益行为若干问题的意见》，对实施性侵害、暴力、虐待、遗弃未成年人行为的父母或其他监护人，依法剥夺其监护权，进一步加强对未成年人的特殊司法保护。起草《关于未成年人犯罪记录封存的实施意见》和《关于未成年人刑事案件社会调查的实施意见》，推动刑事诉讼法关于未成年人特别程序有关规定的贯彻落实。加强少年司法理论研究，对少年司法改革和青少年犯罪预防机制进行专题研讨，切实解决少年司法工作中的疑难问题。撰写《人民法院五年来审理未成年人犯罪案件统计分析报告（2009—2013）》、《关于未成年人及家事案件综合审判改革情况的报告》、《关于失足未成年人帮教基地开展情况的报告》，进一步加强少年法庭工作指导。

——港澳台司法事务工作。办理涉港澳台送达文书、调查取证、裁判认可、罪赃移交等司法协助案件12 863件，同比上升16.19%。其中，涉台案件10 678件，同比上升14.46%；涉港案件2115件，同比上升26.04%；涉澳案件70件，同比上升9.38%。自香港回归以来首次出现内地法院请求香港特别行政区法院调查取证民事案件并受理3件，完成首例台湾地区居民被害人大陆遗属通过海峡两岸司法互助途径取得补偿金的成功实践，使大陆居民陈某某和陈某分别获得补偿金新台币673 447元（折合人民币约138 580元）和新台币498 623元（折合人民币约102 605元）。

最高人民法院举行专题新闻发布会，首次面向海峡两岸80家媒体（主要是港澳台媒体）通报海峡两岸司法互助协议实施以来在大陆法院的落实情况，并发布 15 个人民法院涉台司法互助典型案例。

提升海峡两岸司法交流水平。2014 年 3 月，最高人民法院原院长肖扬以中国法官协会名誉会长身份率“两岸法院司法改革经验交流团”赴台湾地区开展交流；10 月，台湾地区“司法院”原“院长”翁岳生应中国法官协会邀请来访，实现了最高人民法院原院长与台湾地区司法主管机构原负责人的两次见面与互访。

管理创新篇

一、审判管理工作

2014年，人民法院审判管理工作以完善审判管理制度机制、加强审判流程管控、深化评查措施、推进司法公开为工作重点，推动审判管理改革。

——规划新时期人民法院审判管理工作路径。出台《关于新时期进一步加强人民法院审判管理工作的若干意见》，明确新时期审判管理的发展路径和工作任务，部署进一步深化审判管理的工作重点和工作要求。

——推进裁判文书上网。设立中国裁判文书网，统一公布各级人民法院的生效裁判文书。截至2014年年底，全国各级人民法院共在中国裁判文书网上传裁判文书5 691 450篇，其中最高人民法院上传7595篇，地方各级法院上传5 683 855篇。最高人民法院开展上网裁判文书质量评查，并部署各高级人民法院进行上网裁判文书互查。

2014 年上网裁判文书案件类型分布情况

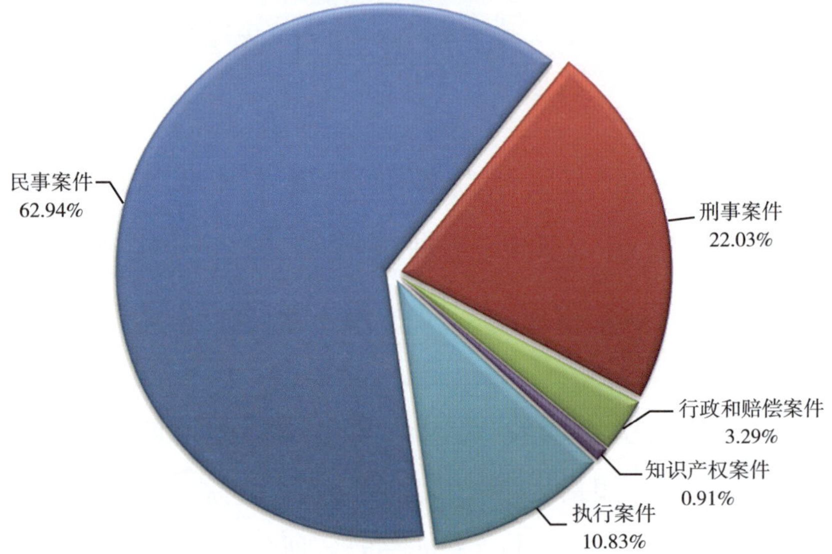

2014 年不同层级法院裁判文书上网总体情况

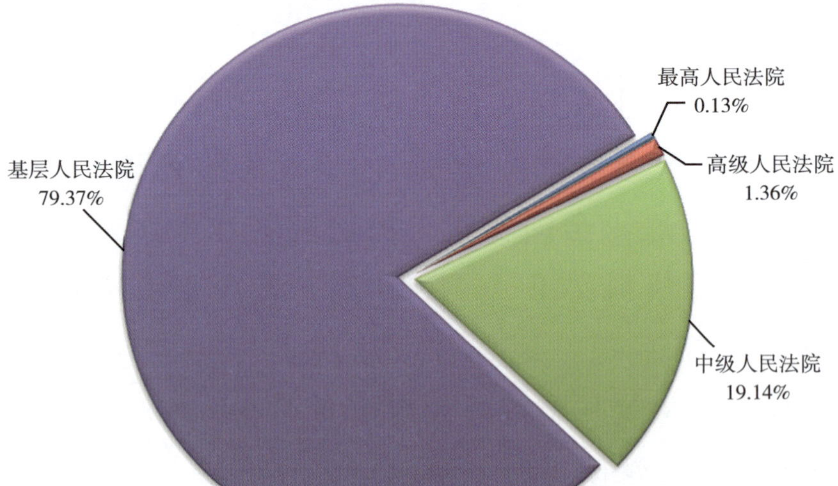

——推进审判流程公开。开通中国审判流程信息公开网，案件当事人和诉讼代理人可以通过该网站查询最高人民法院审理案件的审判流程信息和部分实体材料。21个省（区、市）建立全省统一的审判流程信息公开平台，并在中国审判流程信息公开网建立链接。全国各级人民法院全面推进审判流程公开，提升审判流程规范化、信息化、科学化水平。

——清理久押不决刑事案件和长期未结诉讼案件。最高人民法院对重点地区的重点久押不决刑事案件进行远程视频督办，取得显著成效。继续深化长期未结诉讼案件通报督办工作机制，每季度通报全国法院未结诉讼案件情况，督促开展清理工作，并对重点案件进行视频会议督办。2014年全年，全国法院共清理三年以上长期未结诉讼案件2419件，截至年底尚存件数比2011年下降89.94%。

二、队伍建设工作

2014年，人民法院以推进正规化、专业化、职业化建设为方向，深化干部人事制度改革，努力建设信念坚定、执法为民、敢于担当、清正廉洁的法院队伍，为人民法院更好履行审判职能提供坚强政治保证。

——推进思想政治建设。最高人民法院举办以全国高中级法院院长、全国法院基层党组织书记、机关局处级干部等为对象的重点培训班，各级人民法院通过专题辅导、集中培训、研讨交流等形式，认真学习贯彻党的十八大、十八届三中、四中全会精神和习近平总书记系列重要讲话精神。召开全国法院思想政治建设工作会议，出台《关于进一步加强人民法院思想政治建设的意见》。开展“增强党性、严守纪律、廉洁从政”专题教育，强化干警守纪律、讲规矩意识。加强社会主义核心价值观教育，评选命名 50 个全国法院文化建设示范单位。全国法院普遍开展法官宣誓活动。

——完成党的群众路线教育实践活动。第一批开展活动的人民法院狠抓整改落实，全面完成整改任务，巩固和拓展活动成果。中级和基层人民法院从严从实开展第二批活动，顺利完成各环节工作任务。最高人民法院和各高级人民法院采取印发指导文件、建立联系点、会议推进、调研检查等方式，加强对下“条线”指导，陕西省富县人民法院等联系点较好地发挥了示范作用。按照中央部署，深化专项整治，“四风”突出问题得到有效遏制。上下联动整治“六难三案”问题，[①] 诉讼服务水平和审判工作质效得到提升。

——强化从严管理干部力度。全国法院认真学习贯彻新的《党政领导干部选拔任用工作条例》，积极推进干部选任机制改革。最高人民法院强化机构编制规范化管理，实现干部选任工作常态化。选齐配强各级法院领导班子，通过派员参加民主生活会、领导班子建设情况季度报告等形式，加大对下级法院领导班子主动协管力度。坚持从严管理监督干部，认真落实谈心谈话、任职回避等管理制度，开展领导干部违规兼职、档案造假、“裸官”等专项整治和个人有关事项报告抽查核实工作。建立干部选任全程纪实制度和责任倒查机制，坚决遏制选人用人不正之风。

——提高队伍素质能力。大力加强人才队伍建设，最高人民法院面向社会公开选拔高层次审判人才，评选产生全国审判业务专家 62 名，部分高级人民法院组织评选省级审判业务专家。司法人才库

① “六难三案”指人民群众反映强烈的“门难进、脸难看、事难办”、“立案难、诉讼难、执行难”、“关系案、人情案、金钱案”问题。

软件开发基本完成，入库人数达417人。法院人员分类管理、法官职务序列、省以下地方法院人员统一管理等改革取得积极进展。顺利完成全国法院5141名聘任制书记员转任改制工作。大力推进交流轮岗和挂职锻炼工作，引导干警多岗位砥砺本领、增长才干。深入实施法律人才互聘“双千计划”，① 完成第二批人员互聘工作。继续开展“应用型法学博士”合作培养项目。

——宣传表彰先进典型。开展“谁是最美基层法官”评选活动，10名“最美基层法官”被中央宣传部纳入“最美人物”，部分高级人民法院表彰宣传当地“最美法官”。黄志丽、姜霜菊、闫胜义、阿布列林·阿不列孜4名法官被中央组织部、中央宣传部确定为“最美基层干部”，孙波被中央宣传部授予“时代楷模”荣誉称号，郭兴利和“1·10”专案审理团队当选“2014年度法治人物”。评选表

---

① “双千计划”指教育部、中央政法委员会、最高人民法院、最高人民检察院、公安部、司法部六部门决定从2013年至2017年选聘1000名左右有较高理论水平和丰富实践经验的法律实务部门专家到高校法学院系兼职或挂职任教，承担法学专业课程教学任务；选聘1000名左右高校法学专业骨干教师到法律实务部门兼职或挂职，参与法律实务工作。

彰全国优秀法院、优秀法官和全国法院办案标兵，对广东省汕头市中级人民法院和石玉波、郑小红等先进集体和个人进行重点表彰。最高人民法院和部分高级人民法院开展劳模疗养，形成关爱劳模、褒奖先进的良好导向。

——加强队伍建设基层基础工作。建立健全重心下移、力量下沉工作机制，在人员配备、教育培训等方面向基层和审判一线倾斜。新一轮基层法官全员轮训任务基本完成，基层一线干警司法能力得到提升。认真落实《关于进一步加强新形势下人民法庭工作的若干意见》，人民法庭队伍建设进一步加强。继续实施“双语法官培训专项经费”项目，举办藏、蒙、维、哈、朝等少数民族双语法官培训班。积极推进政法干警定向招录工作，协调完善司法考试特殊政策，稳定中西部基层法官队伍。部署开展新一轮援疆工作，援藏、援青工作扎实推进。

——提升司法警察队伍管理水平。建立司法警务工作年度数据分析机制，规范公务用枪管理使用和死刑执行工作，大力加强司法警察执法规范化建设。建立警衔评授与体能达标挂钩机制，编纂人民法院司法警察培训教材，举办以警衔管理人员、司法警察高级警官等为对象的系列培训，各高级人民法院扎实开展二级培训，司法警察队伍能力素质明显增强。

三、党风廉政工作

2014年，人民法院全面落实十八届中央纪委三次、四次全会部署的各项任务，积极推动党风廉政建设和反腐败工作取得新成效。

——推动“两个责任”落实。出台《最高人民法院党组关于落实党风廉政建设主体责任的实施意见（试行）》和《关于人民法院纪检监察部门落实党风廉政建设监督责任的实施意见》，分别细化党组落实党风廉政建设主体责任和法院纪检监察部门落实党风廉政建设监督责任的具体措施。召开落实党风廉政建设主体责任推进会，在最高人民法院机关形成“一级抓一级、层层抓落实”的责任落实机制。探索建立党风廉政建设责任追究机制，推动全国各级人民法院共对33起法院干警违纪违法案件实行“一案双查”，并对73名负有领导和监督责任的法院领导干部进行严肃问责。

——加强严守纪律教育和廉洁司法教育。在最高人民法院机关开展“增强党性、严守纪律、廉洁从政”专题教育活动，教育干警充分认清周永康、薄熙来等人践踏法治、破坏党的团结、搞非组织政治活动的严重危害，彻底肃清周永康严重违纪违法对法院工作造成的恶劣影响，引导干警在大是大非问题上坚持做到立场坚定、旗帜鲜明。组织全国法院集中开展廉洁司法专题教育活动，编发《人民法院警示教育案例选编（第五辑）》，推动各级法院开展经常性的廉政教育，全国法院共组织领导干部述职述廉42 181次，开展函询 3929 人次，诫勉谈话 2696 人次，帮助干警筑牢拒腐防变的思想道德防线。

——深化司法作风建设。最高人民法院出台《关于新形势下进一步加强人民法院纪律作风建设的指导意见》，指导全国法院持之以恒贯彻落实中央“八项规定”精神，不断改进司法作风。全国法院共开展日常审务督察48 809次，专项审务督察 9629 次，对违反中央“八项规定”精神等作风问题进行明察暗访，现场查纠违规行为 1206 人次，给予党政纪处分 177 人，给予其他处理 19 人，并将其中 20 起典型违规案件向社会公开通报。组织各级法院对 86 个自建培训中心进行摸底排查，并对存在的问题进行整改纠正。开展法院干警在行政机关和企事业单位兼职清理活动，共有31人辞去兼任职务。

——加强权力行使监督。最高人民法院对河南、宁夏、安徽、福建、辽宁、甘肃6个高级人民法院开展新一轮司法巡查工作，按照有关规定对巡查发现的问题及时进行分类处置，各高、中级法院亦分别对1033个下级法院开展了司法巡查。最高人民法院召开廉政监察员述职会、工作交流会，推动廉政监察员在办案一线认真履行日常教育和日常监督职责，吉林、河北、江西等21个省（区、市）法院共增设专职廉政监察员911名。最高人民法院发布《关于人民法院在审判执行活动中主动接受案件当事人监督的若干规定》，推动各级法院广泛建立向案件当事人随案发放廉政监督卡、对部分办结案件开展廉政回访等制度。

——加大违纪违法案件查处力度。推动四级法院全部开通举报网站，实现联网运行和实时监督，及时处理举报线索。最高人民法院举报受理中心网站直接受理纸质、电话和网络举报共计25 330件，督办重要举报线索125件。以“零容忍”的态度惩治司法腐败，全国法院共立案调查违纪违法干警2180人，结案处理1937人，同比分别增长154.3%和172.8%，截至2014年年底，已移送司法机关处理 180 人，给予党纪政纪处分 1733 人，同比分别增长 14.6%和 164.2%。

四、司法行政工作

2014 年，人民法院积极推进司法保障体制改革，进一步加大保障服务力度，充分发挥保障、服务、管理职能作用。

——推进省以下法院财物统一管理体制改革。深入调研、广泛论证，主动提出并上报全面完整的改革建议方案，为中央制定省以下法院财物统一管理体制改革方案提供基础资料。加强对改革试点法院开展省以下法院财物统一管理体制改革的指导，保证改革试点工作有序进行。

——完善保障管理制度。认真编制部门预算，加大预算执行力度，提高预算绩效。加强与相关部门沟通协调，继续实行中央专项转移支付制度。严格遵守中央“八项规定”，按要求及时向社会公开最高人民法院“三公经费”情况。修订完善各项管理制度。开展办案业务经费成本核算工作，加强对经费收支情况的全面统计分析及结果运用。推动中央财政加大向中西部地区和基层法院办案经费的转移支付力度。2014 年中央财政拨付地方法院的办案资金为 99.36 亿元。中央财政和地方法院支援新疆、西藏和青海法院经费和项目资金 8.65 亿元，促进了少数民族地区法院的建设。

——推进基础设施建设。加大对人民法院业务基础设施建设项目的管理力度，进一步优化和规范人民法庭设置，加快“十二五”人民法院基础设施建设项目的工作进度。2014 年安排审判法庭、人民法庭建设项目 566 个，投资 31.8 亿元。

——加强装备标准化建设。制定安检设备、法槌等 4 类 13 项装备技术标准以及巡回审判车、执行工作用车内部设施配置标准，召开司法公开审判法庭内部设施标准推介会，完善人民法院装备建设标准体系和技术标准体系。加大对警用车辆、枪支弹药和安防设备的管理力度，推行警车加装卫星定位系统，实现警车管理现代化。

——做好司法技术辅助工作。办理鉴定、审计、评估、拍卖等对外委托案件 37 万余件。印发《关于执行〈人体损伤程度鉴定标准〉有关问题的通知》，进一步规范人体损伤程度鉴定有关问题。

五、信息化建设工作

2014 年，人民法院运用互联网思维，推进信息化建设，努力为建设“开放、动态、透明、便民”的阳光司法机制提供坚强保障。

——拓展新媒体应用。2014 年 12 月 31 日，最高人民法院政务网站改版上线，具备信息发布、公众参与、在线服务、诉讼指南、数据查询等功能。各级人民法院充分利用新媒体即时互动、实时参与的优势，拓展和加大公众参与的渠道和力度，广泛听取群众意见。截至 2014 年年底，最高人民法院官方微博粉丝总数突破 2000 万人，全国 3250 个法院开通官方微博，形成“国家队＋地方队”的微博格局。2014 年 4 月 21 日，最高人民法院官方微信改版上线，截至 2014 年年底，订阅用户已达 10.4 万人。

——提升司法科技水平。各级人民法院推进网上办公、网上办案应用，为法官办公、办案提供智能化服务。开通执行指挥系统，统一对全国法院执行案件进行管理，为执行信息公开、执行查控、信用惩戒等工作提供数据支撑。加强信访信息系统建设，开通网上申诉信访平台和远程视频接访系统，有效缓解涉诉信访问题。各级人民法院用科技武装法庭，建成17 000余个科技法庭。利用科技法庭，开展远程开庭审理工作。通过多媒体证据展示、质证留痕、庭审笔录等技术手段，强化庭审举证、质证、认证等过程。

——建成数据集中管理平台。最高人民法院运用信息化手段，首次实现全国法院案件信息汇聚、管理、分析和服务。全国 94.7％的法院能够实时上报数据，已经集中全国法院近四年 4700 万件案件数据和 1850 万份裁判文书，并以日均 4 万件至 5 万件案件数据递增。

六、接受监督工作

2014 年，人民法院完善接受监督工作机制，自觉接受人大监督，认真接受人民政协和民主党派、工商联、无党派人士的民主监督，依法接受检察机关诉讼监督，广泛接受社会监督，努力促进公正廉洁司法。

——开展代表、委员联络工作。建立最高人民法院院领导与部分在京全国人大代表结对联络工作机制，各位院领导先后联络在京全国人大代表125人次，开展活动30次。印发《关于进一步加强代表结对联络工作的通知》，落实与全国人大代表结对联络工作，实现各地法院与全国人大代表结对联络工作的全覆盖。组织开展五批全国人大代表“走进法院、走近法官”专项视察活动，先后邀请34个代表团的68名全国人大代表分别视察广东、山西、吉林、江苏、安徽等地三级法院工作。

——做好代表建议、政协提案办理工作。通过严格办理程序、改进审批程序，建立工作台账、加强跟踪督办，加强与代表委员的见面沟通，开展优秀建议、提案办理评选活动等举措，全年共完成215件代表建议和86件政协提案的办理答复工作，并将建议办理答复抄送相关代表所在省份人大选联委。

——完善与各民主党派中央、全国工商联的联络机制。最高人民法院主要领导分别走访民盟中央、九三学社、致公党中央、民进中央，主动通报工作情况，认真听取意见建议。建立健全最高人民法院与民革中央的联络沟通机制。与全国工商联共同召开“在司法审判工作中加强对非公有制经济平等保护法律问题”座谈会。参加由致公党中央牵头开展的“创新社会治理体制，推进国家治理现代化”专项调研。协调配合民建中央就《行政诉讼法》修改和司法改革等问题进行专题调研。协调配合民革中央深化司法体制改革调研组开展调研。一年来，各民主党派、工商联和无党派人士参加最高人民法院组织开展的各项活动共计 100 余人次。

——依法接受检察机关诉讼监督。支持、配合检察机关履行监督职责，向最高人民检察院通报死刑复核案件，依法审理检察机关对生效裁判提起的抗诉案件，认真对待检察建议，及时纠正工作中存在的问题，共同维护司法公正。

——推进特约监督员和特邀咨询员工作。最高人民法院召开第二届特约监督员聘任大会，完成第二届 58 名特约监督员增聘工作，通过邀请视察、座谈、调研、评议、征求意见、旁听庭审和直接走访等多种形式，共开展各类活动 81 项，邀请特约监督员 289 人次，特邀咨询员 86 人次。

——推进接受监督工作信息化建设。开通代表、委员网络沟通平台和手机信息平台，建立代表微信群，完善法院微博、院长邮箱、民意沟通信箱，加强与代表、委员以及社会各界的联系沟通。2014 年共办理“院长信箱”网民建议 166 条，办结

129条，并逐一答复网民；累计向沟通平台上传信息774篇，其中法院工作通报100期，联络工作动态185期，代表建议及复文189件，政协提案及复文80件，代表委员风采92篇，重大案件通报128期。

七、新闻宣传工作

2014年，人民法院主动顺应媒体融合发展，借助各级各类媒体，开展新闻宣传工作，充分展现人民司法事业新成就，努力回应人民群众关切。

——展现司法公开透明新形象。立足全媒体时代传播格局，充分整合《人民法院报》、最高人民法院影视中心、中国法院网、《人民司法》杂志等自有媒体传播平台，综合发挥多媒体传播优势。加强与社会各层面的司法信息交流互动，及时回应社会关切的司法问题，主动接受新闻舆论监督，有效收集改进工作的意见与建议。

——提升人民法院新闻发布工作水平。以人民法院新闻发布例会制度实施5周年为契机，全面提升全国法院新闻发布工作水平。向全社会集中公布全国2995家法院的3281名新闻发言人名单信息，全面推进人民法院新闻发布例会制度和新闻发言人队伍建设。首次利用漫画作品对外发布《关于进一步做好司法便民利民工作的意见》，创新新闻发布形式。全年共组织召开新闻发布会 19 次，主动发布人民法院司法工作信息。

——创新宣传形式和载体。与百度公司共同开发“百度·中国法院地图”，共收录 3496 个法院信息，打造移动互联网时代司法便民新平台。编辑出版首部立体画册——《公平正义——人民法院·2013》，以手工折纸加新闻漫画形式展现 2013 年人民法院各项重大举措。编写《未成年人法律保护》、《婚姻大事无小事》、《医病疗伤解心忧》和《房被强拆法帮你》四本“法在身边”系列普法漫画书，借助人民群众利于接受、易于传播的方式传递司法信息。

——做好社会关注重点案件新闻宣传报道工作。针对昆明“3·01”案，刘汉、刘维等 36 人特大黑社会性质组织犯罪案，刘铁男案，张曙光案，“网络大 V”“秦火火”诽谤、寻衅滋事案，呼格吉勒图案，念斌案等社会关注重点案件，审理法院进一步加大司法公开力度，及时与相关媒体沟通协调，围绕开庭、宣判等重要时间节点进行新闻报道，有效回应人民群众关切。

——利用新媒体发布权威信息。通过官方微博、微信、新闻客户端及时发布法院重要工作信息，积极打造权威发布新平台。立足信息受众需求，推出“法官时间去哪了”、“带着微博去执行”等专题栏目，让法院工作更加接地气、近民心。

——展现人民法院公开开放形象。采取各种形式多样的活动，充分展现人民法院司法公开、开放亲民形象。中小学暑假前夕，全国 25 个省（区、市）近 500 家法院同步开展“法在身边——送法进校园”专题宣传活动，通过邀请未成年人参观法院、旁听案件、聆听法官讲授法制课等形式开展法制宣传教育。最高人民法院在第一个国家宪法日举办“12·4”公众开放日活动，邀请 70 余位人大代表及社会各界群众代表参加活动，现场观摩最高人民法院法官代表面向宪法宣誓。

八、对外交流工作

2014 年，人民法院密切关注国内外形势发展变化，加强司法交流合作，规范外事管理，健全工作机制，人民法院外事工作平稳有序发展。

——促进多边司法交流合作。举办“中国—东盟大法官论坛”，围绕“司法合作与中国—东盟自贸区发展”主题，进行深入讨论，通过成果性文件《南宁声明》，将中国与东盟的司法合作与交流提升至新高度，为实现自贸区经济的共同发展提供强有力的司法支持。周强院长率团参加第九次上海合作组织院长会，签署《第九次上海合作组织成员国最高法院院长会议联合声明》，为维护地区和平稳定、促进各成员国经济社会发展发挥重要作用。积极争取国际法律组织主导权，江必新副院长率团出席最高行政法院国际协会理事会会议，我国当选为协会管理委员会成员。

——开展高层司法交流。周强院长应邀对土耳其、法国进行友好访问，推动多边和双边司法交流，展示中国依法治国良好形象。沈德咏常务副院长率团对印度尼西亚、马来西亚、斯里兰卡进行正式友好访问，加强我国同“一带一路”沿线国家司法界的务实合作。

——稳健推进司法交流工作。最高人民法院共组派因公临时出访 49 批 179 人次，接待应邀来访的国外司法代表团 8 批 47 人次，接待临时拜访最高人民法院的外国团组 60 批 480 人次。利用国际合作项目共派出工作访问团和专题考察团 9 批 43 人次，接待外国法官代表团 6 批 36 人次，举办国际、国内研讨会、培训班 14 次，约 2000 人参加，实际使用外资 900 余万元。

——发挥国际司法协助审判职能作用。审查办理民事司法文书送达 3151 件，审查办理送达回证 2082 件，审查办理民事调查取证 40 件，审查转递外国法院民事判决承认与执行案件 15 件，审查办理刑事司法协助请求 23 件，审查与移管有关的案件 5 件，转递引渡请求 4 件，办理涉外案件交涉、涉外法律意见咨询等 124 件（次），完成双边刑事司法协助条约、引渡条约和移管被判刑人条约谈判 11 个，审查双边司法协助条约、领事条约文本 19 个，启动双边司法协助条约谈判程序 10 个，办理国际司法协助案件 6014 件，进一步展现我国良好的国际司法形象。

——开展地方法院外事管理工作。审核审批全国法院出国专题交流、出国培训团组 82 个、779 人次。协调、指导地方法院接待国外司法代表团 23 批次。加强全国法院外事工作的归口管理、规范管理和统筹协调，地方法院国际交流机制化取得新进展。

改革发展篇

一、调查研究工作

2014年，最高人民法院加强调查研究，为服务司法改革、服务审判执行工作、服务司法决策提供智力支撑。

——起草全面推进依法治国的意见和建议。起草《关于全面推进依法治国的意见和建议》（一）、（二）等多篇报告，全面反映人民法院关于全面推进依法治国的意见和建议，为党的十八届四中全会研究依法治国重大战略部署建言献策。

——健全调查研究工作制度。发布《关于加强人民法院领导干部调研工作的规定》，提出领导干部集中调研月制度、领导干部调研时间总量约束制度、领导干部基层调研联系点制度、领导干部撰写调研报告制度、领导干部调研成果转化利用制度及在年终述职报告中专项汇报调研工作制度六项制度，对人民法院领导干部调研工作进行全面规定。大力加强调查研究，努力为推进公正司法提出新思路。

——创办《决策参考》内部刊物。根据人民法院形势任务的发展变化，进一步加强司法政策研究，充分发挥参谋助手作用，创办内部刊物《决策参考》。全年共编发28期，合计约20万字，充分利用法院大数据信息资源，为人民法院科学决策提供智力支持。

——司法统计工作取得新进展。规范人民法院案件信息标准，起草《人民法院案件信息统计管理规定》、《全国法院案件信息业务标准》等规范性文件。深入研究人民法院案件质量评估指标体系，推动案件质量评估工作科学发展。发布全国法院司法统计分析重大课题，加强课题研究工作。撰写高水平的司法统计分析报告，为领导决策提供参考。完善全国法院司法统计分析联络员工作机制，推动四级法院司法统计分析水平整体提高。开展司法统计专项调查，创新数据采集方式。推动人民法院司法统计部门与高校、科研院所合作开展司法统计理论研究、实证分析、数据库共享、专业硕士和博士以及司法统计学学科体系建设等工作。

——完善与法学教育界协调联络机制。筹备召开全国部分法学院校校长（院长）座谈会，邀请北京大学、清华大学等19所国内著名法学院校的21位校长（院长）出席会议，吴志攀、王利明等一批在法学界有较高声望的专家围绕司法改革和依法治国积极建言献策。

二、理论创新工作

2014年，人民法院强化全国审判理论研究和组织统筹工作，充分发挥“参谋”与“智库”的作用，推动人民法院理论研究工作改革创新。

——组织理论研究。围绕公正司法主线积极开展审判理论研究，深入研究带有全局性、战略性、前瞻性的审判理论与实践问题。制定发布《2014年人民法院理论研究工作要点及分工方案》，完成2014年度审判理论、调研重大课题发布、检查和验收工作。认真做好审判理论研究统筹和组织协调工作，做好国家社科基金项目等的科研管理工作，协同推进人民法院理论研究工作。

——推出高端成果。扎实开展审判理论重大问题课题研究，推出一批充分体现人民法院特色的优秀审判理论研究成果。编著《世界司法制度文库》、《公正司法的理论与探索读本》等理论书籍，解决审判实践中迫切需要解决的现实问题。深入探索司法改革规律，为深化司法改革、促进司法公正提供理论支撑和智力支持。

——搭建研究平台。召开中国审判理论研究会2014年年会暨全面深化司法改革促进司法公正理论研讨会，为人民法院司法事业的发展提供智力支持和保障。搭建与高等院校、科研院所的多向、跨界、分层合作交流平台，联合中国社科院召开中国法学博士后论坛。

——加强课题研究。关注中国特色社会主义审判理论顶层设计，发布15个审判理论重大课题、15个调研重大课题和10个司法统计分析重点课题，不断提升课题服务审判实践的理论水平。

2014年最高人民法院发布的重大审判理论课题

序号	课题名称
1	审判权运行机制研究
2	审判委员会制度改革研究
3	我国审级制度研究
4	深化司法公开研究
5	司法改革形势下的审判管理基本理论研究
6	环境司法专门化研究
7	司法公正的社会认同研究
8	人权司法保障研究

续表

序号	课题名称
9	全面深化改革的司法保障问题研究
10	司法领域公民知情权研究
11	人民法院人员分类管理制度研究
12	法官惩戒制度研究
13	法官与律师关系研究
14	网络犯罪问题研究
15	完善刑事冤错案件国家赔偿制度研究

2014 年最高人民法院发布的司法调研重大课题

序号	课题名称
1	关于涉法涉诉信访法治化问题的调研
2	关于地方人民法院环保法庭运作实效的调研
3	关于构建防范和纠正冤错案件有效机制的调研
4	关于毒品犯罪案件审判疑难问题的调研
5	关于非法证据排除规则适用问题的调研
6	关于农村基层组织人员职务犯罪有关问题的调研
7	关于农村土地承包经营权和宅基地使用权流转法律问题的调研
8	关于注册资本登记制度改革与公司诉讼问题的调研
9	关于互联网金融所涉法律适用问题的调研
10	关于互联网领域商业竞争法律规制问题的调研

续表

序号	课题名称
11	关于建立健全未成年人国家监护制度的调研
12	关于处理征地拆迁纠纷中法院职能定位问题的调研
13	关于“审执协调”有关问题的调研
14	关于人民法院司法信息数据标准、自动生成、应用及管理有关问题的调研
15	关于新媒体时代人民法院舆论引导机制的调研

2014年最高人民法院发布的司法统计分析重点课题

序号	课题名称
1	农村土地承包经营权和宅基地使用权法律问题实证研究
2	医患纠纷案件热点问题实证研究
3	人民法院人力资源配置实证研究
4	人民法院司法信息数据标准研究
5	毒品犯罪形势与案件审理情况实证研究
6	减刑假释制度改革完善的实证研究
7	互联网金融类案件审理情况分析
8	政府信息公开案件审理情况分析
9	执行案件的立案与终结机制研究
10	民众对人民法院司法满意度调查研究

三、司法改革工作

2014年，人民法院认真落实党中央关于司法改革的决策部署，深入调查研究，制定分工方案，对法院改革作出整体部署。

——推动司法体制改革试点。协助中央制定《关于司法体制改革试点若干问题的框架意见》，将完善司法人员分类管理、完善司法责任制、健全司法人员职业保障、推动省以下地方法院人财物统一管理改革作为司法体制改革的基础性、制度性措施，在上海、广东、吉林、湖北、海南、青海、贵州等地相继开展试点工作，试点工作稳步推进。

——制定“四五改革纲要”。科学规划人民法院未来改革蓝图，研究制定《人民法院第四个五年改革纲要（2014—2018）》。十八届四中全会召开后，最高人民法院结合四中全会精神，对“四五改革纲要”进行全面修订，形成《关于全面深化人民法院改革的意见》，明确人民法院司法改革的总体思路和主要任务，科学规划人民法院未来改革蓝图。

——设立最高人民法院巡回法庭。制定《最高人民法院关于巡回法庭审理案件若干问题的规定》，设立第一、第二巡回法庭，审理跨行政区划的重大民商事、行政等案件，克服地方保护主义，方便群众诉讼，统一裁判尺度，确保国家法律统一正确实施。最高人民法院第一巡回法庭设在广东省深圳市，第二巡回法庭设在辽宁省沈阳市，两个巡回法庭已于2015年年初受理、审理案件。

——设立北京、上海和广州知识产权法院。2014年11月6日，全国首家知识产权审判专业机构——北京知识产权法院正式成立；12月16日和28日，广州、上海知识产权法院先后成立。设立知识产权法院，对于加强知识产权保护、优化科技创新法治环境、实施创新驱动发展战略、建设创新型国家具有重大意义。发布《关于北京、上海和广州知识产权法院案件管辖的规定》、《关于知识产权案件管辖等有关问题的通知》、《关于知识产权法院技术调查官参与诉讼活动若干问题的暂行规定》，为知识产权法院的运行提供法律和政策保障。

——设立跨行政区划法院。2014年12月28日，全国首家跨行政区划法院——上海市第三中级人民法院成立。12月30日，第二家跨行政区划法院——

北京市第四中级人民法院成立。跨行政区划法院审理行政诉讼案件以及跨地区的重大环境资源保护案件、重大食品药品安全案件等，有助于消除地方因素对公正审判的影响，确保司法机关依法独立公正行使审判权。

——设立环境资源审判庭。2014 年 7 月 3 日，最高人民法院环境资源审判庭正式成立。成立专门的环境资源审判机构，实行环境司法专门化，对于促进和保障环境资源法律正确施行，统一司法裁判尺度，切实维护人民群众环境权益，在全社会培育和树立生态文明新理念，有着积极而深远的影响。

——推进多元化纠纷解决机制改革。通过全面普查与现场抽查相结合的方式，对全国 42 家试点法院改革工作进行终期验收。最高人民法院在 120 个备选法院中，最终选出北京市西城区人民法院等 50 个改革示范法院，印发《关于确定多元化纠纷解决机制改革示范法院的决定》，充分发挥示范法院的示范、引领作用。

——深化人民陪审制度改革。对人民陪审制度改革试点法院的改革情况进行及时总结和评估，并专题研究我国台湾地区、韩国、日本等地的人民陪审制度，推动人民陪审制度改革健康、深入发展。

提前完成人民陪审员“倍增计划”，全国法院人民陪审员总数已达20.95万人，比实施“倍增计划”前增加约12.5万人，增幅为146.5%，普通群众比例达到70.2%。全国人民陪审员共参审案件219.6万件，占一审普通程序案件的78.2%。积极拓展人民陪审员参审范围，首次吸收人民陪审员参与审理重大职务犯罪案件，充分发挥人民陪审员作用。

——取消法院考核排名制度。尊重司法规律，尊重法官主体地位，取消对全国各高级人民法院的考核排名。改革考评办法、取消不合理考核指标，切实解决部分法院年底不受理案件等问题。加强人民法院案件质量评估工作，将评估指标细分为约束性指标和指导性指标，应用统计学方法，构建纵横交错、层级分明、类型多样、相互制约、互相印证、操作性强的案件质量评估指标体系库。

Report on the Work of the People's Courts

2014

The Supreme People's Court

Chinese–English Edition

LAW PRESS · CHINA

The Compilation Committee of *Report on the Work of the People's Courts*

Chairman: Zhou Qiang
Vice Chairmen: Shen Deyong Jiang Bixin
Members:

Li Shaoping	Xi Xiaoming	Nan Ying
Jing Hanchao	Huang Ermei	Zhang Jiannan
He Rong	Tao Kaiyuan	Xu Jiaxin
Liu Xuewen	Du Wanhua	Hu Yunteng
Liu Guixiang		

Drafting Group

Group Leader: Hu Yunteng (Concurrent)
Deputy Group Leader: Yan Ge
Chinese Version Reviewers (In alphabetic order):

Cao Shouye Dai Changlin Gao Guijun

	He Xiaorong	Hu Shihao	Jiang Qibo
	Lin Wenxue	Liu Hehua	Luo Dongchuan
	Ni Shouming	Pei Xianding	Song Xiaoming
	Sun Jungong	Wang Shaonan	Xia Daohu
	Xu Jianfeng	Yang Linping	Yang Wanming
	Yu Housen	Zhang Yongjian	Zhao Daguang
	Zhou Feng	Zhou Jianping	
Writers (In alphabetic order):			
	Ding Guangyu	Du Jun	Guo Hui
	Han Feng	He Zhonglin	He Jun
	Huang Guozhen	Jiang Ming	Jiang Wei
	Jin Xiaodan	Jing Guangqiang	Li Ming
	Li Qi	Liang Fengyun	Lin Ying
	Liu Huihui	Ma Chengbo	Meng Wei
	Qin Dan	Qin Yuanming	Shi Lei
	Shi Weidong	Sun Fuhui	Wang Yanbin
	Wu Guangxia	Wu Zhaoxiang	Xu Defang
	Yu Haisong	Yuan Chunxiang	Zang Zhen
	Zhang Yunsong	Zhou Jiahai	
English Version Reviewers:		Jiang Huiling	Wang Yun
		Li Wenwen	Lu Xiankun

Graphic Designer: Ma Jian

Coordinator: Liu Ze

Preface

The year 2014 was the first year to comprehensively deepen the reform of China. The Third and Fourth Plenary Session of the 18th Central Committee of the Communist Party of China (CPC) adopted the overall planning to comprehensively deepen the reform and to comprehensively promote rule of law. This provided strong and firm political guarantee for the deepening of judicial system reform and the construction of a fair, efficient and authoritative socialist judicial system and also pointed out the right direction to the work of the people's court under the new situation.

Over the past year, the people's courts at all levels in China, under the strong leadership of the CPC Central Committee with Comrade Xi Jinping as General Secretary, thoroughly studied and put into effect the spirits of the 18th National Congress of the CPC, the Third and Fourth Plenary Session of the 18th CPC Central Committee and the series of important speeches by General Secretary Xi Jinping and earnestly implemented the Resolutions adopted by the Second Session of the 12th National People's Congress (NPC). With the aim of "making every effort to ensure that people perceive fairness and justice in every case that comes before the court", and sticking to the mainline of justice for the people and justice in judicial work, the people's courts proactively embraced and actively adapted to the new normal of economic development, and faithfully fulfilled their constitutional duties and legal duties. They exercised their judicial powers in an independent and fair manner, promoted judicial reform, deepened judicial transparency, and expedited the construction of a modern adjudication system and capacity. All this provided solid judicial guarantee for the cause to comprehensively build a moderately prosperous society, to comprehensively deepen reform, to comprehensively implement the rule of law and to comprehensively exercise the Party discipline.

These achievements during the past year by the people's courts should be credited to the strong leadership of the Party, the rigorous supervision of the NPC and its Standing Committee, the forceful support of the government, the Chinese People's Political Consultative Conference (CPPCC), the related departments and all social sectors and the general public. They should also be credited to the cordial care of NPC deputies and CPPCC members and the hard work of the people's courts at all levels and the hard work of all officials in the courts.

To willingly accept the supervision of all social sectors and to further enhance judicial transparency, the Supreme People's Court hereby publishes, for the sixth time, *Report on the Work of the People's Courts*.

The Supreme People's Court
March, 2015

Contents

Dealing with Cases According to Law

Management Innovation

Reform and Development

Dealing with Cases According to Law

The year 2014 witnessed a steady increase of caseload handled by the people's courts, a further improvement of the quality of case handling, and an overall smooth operation of adjudication and enforcement. The Supreme People's Court (hereafter referred to as the SPC) accepted and heard 11 210 cases in total,① up 1.76% year on year; concluded 9882 cases,② up 1.71% year on year. The local people's courts at all levels accepted and heard 15 650 784 cases, up 10.09% year on year; concluded 13 796 525 cases, up 6.56% year on year; and the total value in controversy was RMB 2 619 090 million.

Number of Cases Concluded by the Local People's Courts (2010-2014)

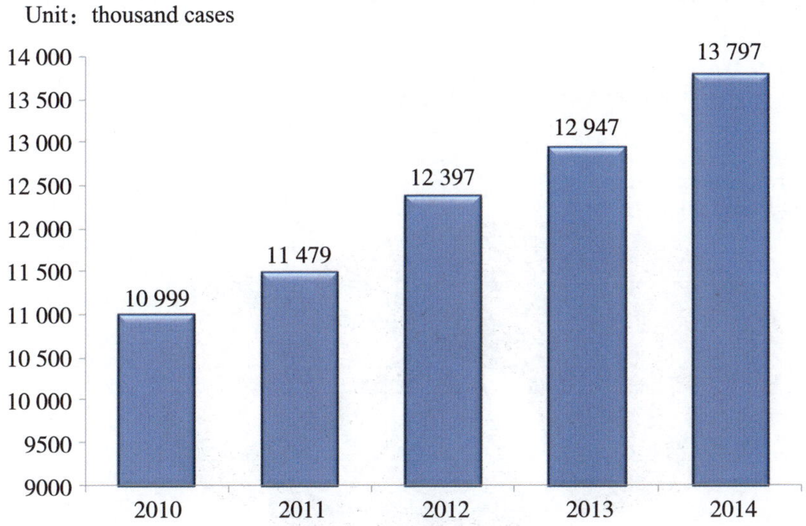

---

① The number of cases accepted and heard refers to the sum of cases accepted in 2014 and cases carried over from previous year, similarly hereinafter.

② The number of cases concluded includes cases carried over from previous year, similarly hereinafter.

In terms of the make-up of cases, among various types of cases concluded in 2014, criminal cases accounted for 8. 30%, civil and commercial cases 63. 43%, administrative cases 1. 31%; cases involving petition and retrial application 0. 91%; cases involving state compensation 0. 02%; cases involving enforcement 21. 07%; cases involving commutation and parole 4. 44%; and cases involving other types 0. 52%. Among all these cases, 9 489 787 cases of first instance were accepted, up 6. 91% year on year, among which 9 164 323 were concluded, up 6. 75% year on year; 902 797 cases of second instance were accepted, up 17. 57% year on year, among which 877 751 were concluded, up 17. 04% year on year; 33 493 cases involving retrial were accepted, down 10. 69% year on year, among which 33 662 were concluded, down 8. 97% year on year.

Breakdown of Various Types of Cases Concluded by the People's Courts in 2014

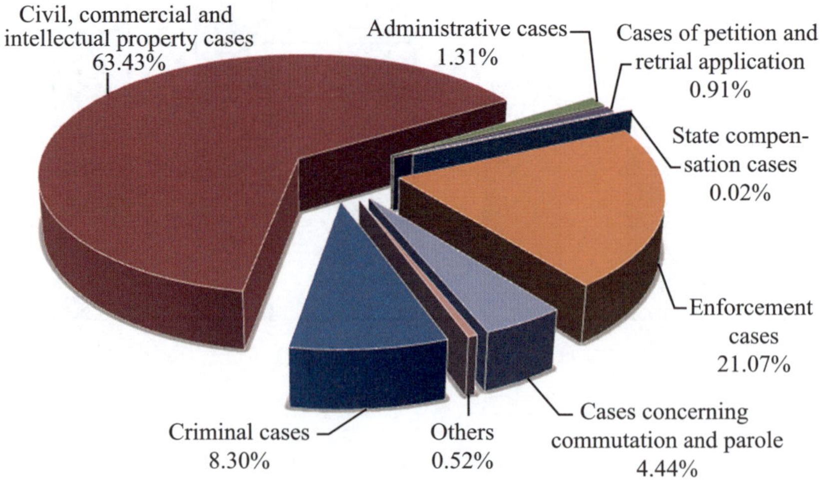

Note: "Others" include the review and supervision of petition cases involving state compensation and cases involving enforcement.

In terms of the sources of cases concluded in 2014, actions directly taken and cases directly applied for enforcement to the people's courts by the parties accounted for 88.12%; cases involving public prosecution and cases involving protest brought to the people's courts by the procuratorial authorities accounted for 7.44%; and cases concerning commutation and parole brought to the people's courts by the penalty execution authorities accounted for 4.44%.

The Sources of Cases Concluded by the People's Courts in 2014

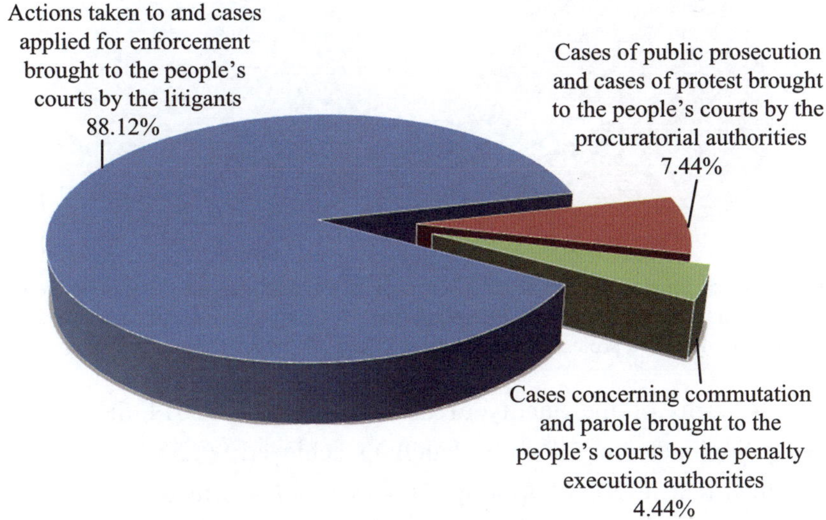

In terms of the effects of cases, people's courts at all levels, in their work of adjudication and enforcement, exerted great efforts to realize an organic unity of legal and social effects. Among cases of first instance concluded in 2014, those in which the parties accepted judgments with legal effects ensued accounted for 90.15%; those in which the parties objected to first instance judgments and appealed to the next higher level courts or the procuratorial authorities lodged a protest against first instance judgments accounted for 9.85%.

Among all cases that took legal effects, those in which the parties accepted first or second instance judgments accounted for 98.61%, and those in which the parties applied for petition and retrial accounted for 1.39%.

The Effects of Cases Concluded by the People's Courts in 2014

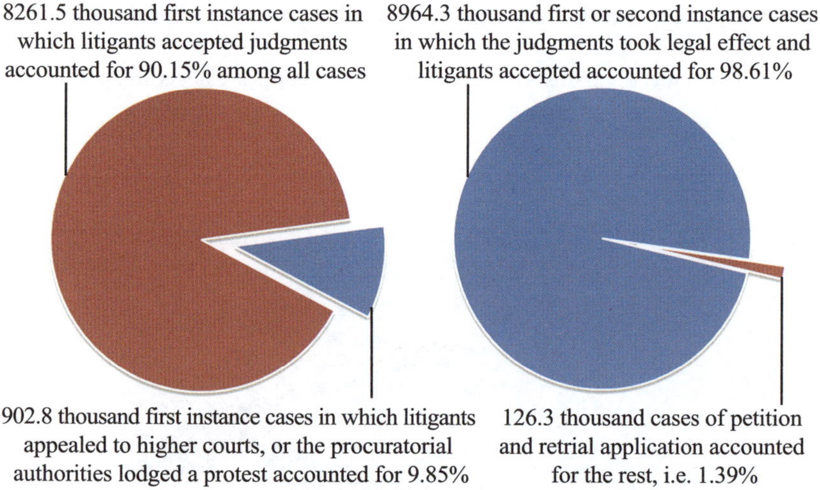

In terms of the quality of case handling, in 2014 the overall evaluation indicator of cases handling achieved 90.55, a drop by 0.2 than that in 2013. Among the cases taking effects, the rate of judgment amendment and the rate of remand for retrial that reflect adjudication quality dropped by 0.01 and 0.06 permillage points respectively; the rate of non-conclusion beyond statutory trial period and the rate of non-enforcement exceeding statutory enforcement period that reflect adjudication efficiency dropped by 0.02 and 1.34 respectively; the rate of people's assessor participation for cases of first instance that reflects judicial openness increased by 5.3 percentage points; the rate of appeal that reflects adjudication effects dropped by 0.9 percentage points.

Main Indicators on the Quality of Case Handling of the People's Courts in 2014

Name of Index	Value of Index	Up/Down year on year
Rate of change in case filing	4.76‰	↑
Rate of judgment amendment of cases that took effect	1.08‰	↓
Rate of people's assessor participation in first instance cases	78.16%	↑
Annual number of cases concluded per judge	72.2 cases	↑
Rate of summary procedure application in first instance cases	69.06%	↓
Rate of cases concluded within the statutory trial period	99.28%	↓
Rate of mediation	32.94%	↓
Rate of petition	1.07%	↑
Rate of executed judgments	66.33%	↓
Rate of time balance for case conclusion	0.76	↓

I Judicial Work on Criminal Cases

In 2014 the people's courts strictly enforced criminal laws, fully implemented the policy of criminal justice to balance leniency and severity, punished various criminal offenses in accordance with law and participated in the comprehensive management of social security, thereby providing solid judicial safeguard to enhance the construction of a Peaceful China and a China of Rule of Law.

1. Case Adjudication

In 2014, the people's courts at all levels accepted 1 164 826 criminal cases of first instance, second instance and retrial, concluded 1 144 838 cases, up 7.86% and 8.03% year on year respectively. Among these cases, 1 023 017 criminal cases of first instance were concluded and 1 183 784 criminals convicted, up 7.24% and 2.25% year on year respectively.

Criminal Cases of First Instance
Concluded by the People's Courts in 2014

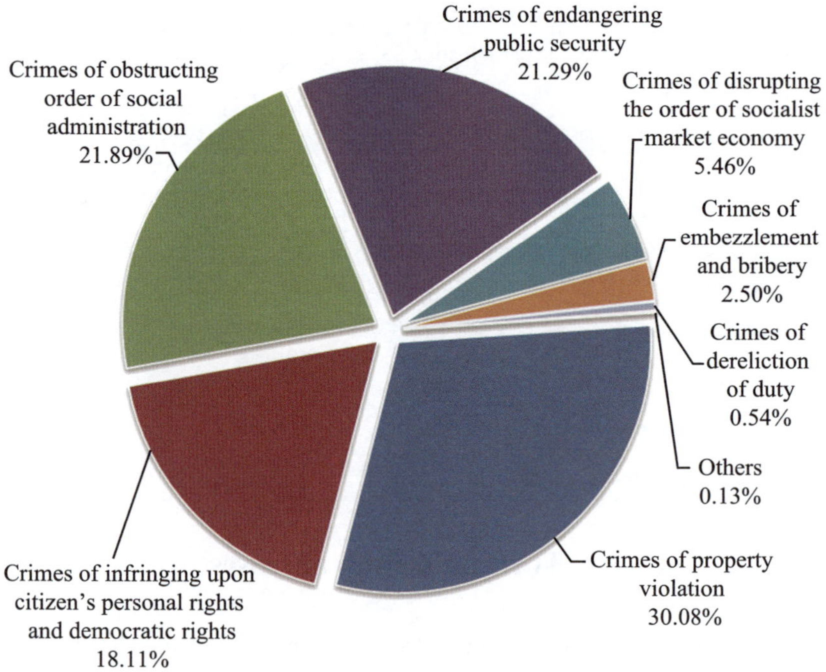

—Punishing severely in accordance with law crimes endangering state security and public security. The courts adjudicated in accordance with law an array of violent terrorist crimes, such as the case of hijacking on June 28th in Hotan of Xinjiang Uygur Autonomous Region, the case of violent terrorist attack on March 1st in Kunming of Yunnan Province, and the case of violent terrorist crime on October 28th in Tiananmen Square of Beijing. In the past year the courts concluded 558 cases of endangering state security and public security, including those inciting to separate the country, launching violent terrorist attacks and transmitting videos and audios of violent terrorism, and pronounced judgments on 712 criminals, up 14.8% and 13.3% year on year respectively. Thus terrorist forces and separatist forces were forcefully cracked down and state security and social stability was fully safeguarded.

—Punishing severely in accordance with law mafia-related crimes. The people's courts adjudicated the case of organizing, leading and participating in the mafia-related criminal organizations by 36 people with Liu Han and Liu Wei as ringleaders. In the past year the people's courts concluded 315 cases involving organizing, spearheading and participating in mafia-related crimes and convicted 2227 criminals, down 28.25% and 24.28% year on year respectively. Thus great efforts were exerted to fight against mafia-related crimes, which effectively enhanced the sense of security of the general public.

—Punishing severely in accordance with law crimes seriously endangering people's lives and property. 247 843 cases involving serious violence crimes were concluded such as intentional homicide, intentional injury, bombing, robbery and kidnapping, and 304 063 criminals were convicted, down 0.68% and 6.33% year on year respectively; 307 688 cases involving frequently-occurred offenses against property were concluded, including theft, fraud, forcibly seizing and extortion, and 379 736 criminals were convicted, up 1.44% and down 4.54% year on year respectively. Thus people's personal rights, property rights and other rights were protected in accordance with law from infringement.

—Punishing severely in accordance with law crimes infringing upon rights and interests of women and children. 29 199 criminal cases were concluded involving raping, acting indecently towards or insulting a woman, or acting indecently towards a child, abducting and trafficking in women and children, or buying abducted or trafficked women and children, and 27 578 criminals were convicted, up 5.39% and 0.07% year on year respectively, and crimes involving sexual abuse of minors were also punished in accordance with law. Thus legitimate rights and interests of women and children were protected.

—Punishing severely in accordance with law crimes disrupting the order of socialist market economy. A good number of cases involving commercial corruption were adjudicated in accordance with law, including the case of Glaxo Smith Kline bribery. In the year 55 858 cases involving various economic crimes were concluded and 72 612 criminals convicted, up 10.81% and 4.64% year on year respectively. Thus the order of the socialist market economy was preserved and the healthy and steady development of the economy and society safeguarded.

—Punishing severely in accordance with law medicine-related crimes and crimes endangering food safety and polluting environment. Medicine-related cases were adjudicated in accordance with law so as to resolutely contain the frequent occurrence of medicine-related crimes, to safeguard the normal medical order and to establish a harmonious relationship between doctors and patients. 13 012 cases involving crimes of fake and inferior commodities were concluded, including those involving production and sale of steroid clenbuterol, gutter oil, contaminated milk powder and fake medicine, and 16 797 criminals were convicted, up 89.18% and 71.12% year on year respectively. Thus the life and health of the people were protected. 15 709 cases involving crimes damaging environment and resources, including those polluting environment, were concluded and 19 295 criminals were convicted, up 18.92% and 8.45% year on year respectively. Thus the ecological civilization was promoted and the beauty of China preserved.

—Punishing severely in accordance with law cyber crimes. Cases involving defamation, affray and illegal business operation were adjudicated in accordance with law, including cases involving "Influential Micro-bloggers" under the network names of "Qin Huohuo", "Bian Min" and "Li Er Chai Si". Thus the order of social network was effectively protected and the cyber space cleaned up. Cyber crimes against mass population such as cyber thefts and telecommunication fraud were adjudicated in accordance with law so as to safeguard people's property safety. In the year 98 cases involving crimes intruding computer information systems and sabotaging computer information systems were concluded and 135 criminals were convicted, up 25.64% and down 1.46% year on year respectively. Thus greater efforts were made to protect the security of information network.

—Punishing severely drug-related crimes in accordance with law. Penalties were fully applied to steadfastly punish in accordance with law smuggling and production of drug and bulk trafficking drug so as to contain such crimes at the very source, and to severely punish drug-related criminals including drug lords, professional drug dealers, re-offenders and recidivists. In the year 106 803 cases involving various drug-related crimes were concluded and 109 688 criminals convicted, up 12.17% and 10.27% year on year respectively. Among those convicted, 24 856 defendants were subject to severe penalty of a sentence of over 5 years, accounting for 22.66% of the total, 13.23 percentage points higher than the percentage subject to severe penalty of all defendants during the same period. Thus drug-related crimes were effectively suppressed and criminals deterred with a view to preventing relevant crimes.

—Punishing severely in accordance with law crimes of embezzlement, bribery and dereliction of duty. Bribery cases involving Li Daqiu, former Vice Chairman of People's Political Consultative

Conference of Guangxi Zhuang Autonomous Region, Liu Tienan, former Vice Chairman of National Development and Reform Commission, and Zhang Shuguang, former Deputy Chief Engineer of the Ministry of Railways, were adjudicated in accordance with law. In the year 25 583 cases involving embezzlement and bribery were concluded and 25 676 criminals convicted, up 6.86% and 0.48% year on year respectively. Among those convicted, 7421 defendants were subject to severe penalty of a sentence of over 5 years, accounting for 28.86% of the total; 2941 cases involving bribery were concluded and 2394 criminals convicted, up 32.90% and 12.08% year on year respectively; 5496 cases involving dereliction of duty were concluded and 5907 criminals convicted, up 6% and 3.80% year on year respectively. Thus the function of people's courts in combating corruption was fully exercised and the struggle of anti-corruption was forcefully pushed forward.

—Punishing severely in accordance with law criminal offences concerning foreign elements or foreign nationals. Criminal cases involving foreign nationals were adjudicated in accordance with law, including the case of illegally obtaining personal information of citizens by UK defendant Peter William Humphrey. In the year 210 foreign criminals were convicted. Thus judicial sovereignty of China was safeguarded and the judicial authority manifested.

—Adjudicating and reviewing judiciously death sentences in accordance with law. By faithfully respecting the policy of "exercising strict control and applying cautiously death penalty", carefully examining factual evidence of each case as well as related laws and policies, and conscientiously implementing the provision in the amended *Criminal Procedure Law* to hear opinions of the Supreme People's Procuratorate of China and opinions of attorney of defense, it was ensured that death sentence was only applicable to those rare criminals who had committed extremely serious crimes.

—Handling in accordance with law cases concerning commutation and parole. 575 018 cases concerning commutation and 37 254 cases concerning parole were dealt with, down 5.26% and 23.81% year on year respectively. Thus the work procedure of commutation and parole was further improved by closely examining the substantive conditions to grant commutation and parole so as to ensure the good effects of criminal penalties.

2. Institutional Construction and Implementation

—Promulgating timely judicial interpretations and normative documents. *The Opinions on Several Issues Concerning Law Application in Handling Criminal Cases Involving Violent Terrorism and Religious Extremism* was promulgated with a view to severely punishing crimes of violent terrorism and religious extremism. *SPC Supreme People's Procuratorate Interpretation on the Law Application in the Trial of Criminal Cases of Jeopardizing Pharmaceutical Safety* was promulgated with a view to strengthening the criminal justice protection of people's using of medicine safely. *SPC Supreme People's Procuratorate Interpretation on the Law Application in the Handling of Criminal Cases of Smuggling* was promulgated with a view to defining the standards on the conviction and sentence for smuggling crimes. *The Opinions on Imposing in Accordance with Law Punishment against Medical Delinquency to Safeguard Normal Medical Order* was promulgated with a view to severely punishing "medical dispute profiteer" and safeguarding the harmonious relationship between doctors and patients. *The Opinions on Several Issues Concerning the Application of Criminal Procedure in Handling Cases Involving Cyber Crimes* and *the Opinions on the Handling in Accordance with Law Cases Involving Illegal Production, Sale and Use of False Base Station Equipment* were promulgated with a view to punishing in accordance with law cyber crimes and safeguarding a good network environment.

—Initiating formally the work of standardized sentencing. To seriously implement *the Guiding Opinions on the Sentencing of Common Crimes*, the people's courts at all levels enacted and published on the website related enforcement regulations, which further harmonized and defined the guiding principles, sentencing methods, sentencing mechanisms, sentencing procedures and sentencing circumstances, ensured the openness, justice and equity in sentencing, and enhanced the judicial transparency and credibility.

—Initiating pilot programme for the reform of fast-track sentencing procedures. Based on the mandate of the Standing Committee of the NPC, the work of pilot programme on fast-track sentencing of criminal cases in certain regions was carried out. *The Measures for the Implementation of the Work on Pilot Programme of Fast-Track Sentencing of Criminal Cases in Certain Regions* was enacted to further explore how to implement the mechanisms on cases where the defendant pleads guilty and accepts punishment and some initial progress was achieved in optimizing the allocation of judicial resources, safeguarding judicial justice and enhancing efficiency of case handling.

—Regulating the work of commutation, parole and temporary service of sentences outside prison. To implement *the Opinions on Strict Regulation of Commutation, Parole and Temporary Service of Sentences Outside Prison and on True Prevention of Judicial Corruption* enacted by the Politics and Law Committee under the Central Committee of the CPC, *SPC Rules on the Trial Procedure of Commutation and Parole Cases* and *the Provisions on Temporary Service of Sentences Outside Prison* were promulgated, the mechanism for the recordation and review of cases involving commutation for, parole of or temporary service of sentences outside prison by offenders in duty-related crimes was established, the long-term mechanism for the supervision and inspection on the work related to commutation, parole and temporary service of sentences outside prison was set up, and the commutation for and parole of "Three Types of Criminals", i. e. criminals of duty-related crimes, organized gangster-related crimes and financial crimes, was strictly controlled, hence ensuring equity on implementation of criminal sentences. In 2014, the courts nationwide accepted 15 436 cases involving commutation for the "Three Types of Criminals", among which 5203 cases were subject to amendment of commutation extent, accounting for 34%, up 15 percentage points year on year; 741 cases subject to refusal of commutation, accounting for 4.8%, up 3 percentage points year on year; 1845 cases for parole of the "Three Types of Criminals" were accepted, among which 198 cases were subject to refusal of parole, accounting for 10.73%, up 5 percentage points year on year. In 2014, the courts nationwide put back into prison 1739 criminals with temporary service of sentences outside prison.

II Judicial Work on Civil and Commercial Cases

In 2014, the people's courts at all levels accepted 9 068 011 civil and commercial cases of first instance, second instance and retrial, and concluded 8 750 735 cases, up 7.41% and 7.29% year on year respectively. Among all those cases, 8 010 342 cases of first instance were concluded, up 6.65% year on year, with the total value involved reaching RMB 1 498 300 million, up 9.91% year on year.

Among the commercial cases of first instance, 1 618 904 cases involving marriage, family and inheritance disputes were concluded, up 0.43% year on year; 4 375 771 cases involving contract disputes were concluded, up 10.58% year on year; 2 015 667 cases involving ownership, tort and other disputes were concluded, up 3.81% year on year.

Cases Involving Contract Disputes Subject to Major Increase/Decrease in 2014

Type of Case	Concluded (case)	Increase/Decrease year on year
Credit card disputes	95 120	43.43%
Construction project contracts disputes	108 195	17.68%
Loan contracts disputes	1 653 846	16.47%
Insurance contracts disputes	90 552	15.02%
Brokerage contracts disputes	11 382	13.56%
Savings contracts disputes	3228	-3.93%
Management contracts disputes	39 770	-5.01%
Contracts concerning the supply of electricity, water, gas and heating disputes	54 235	-11.34%
Contracts involving rural land disputes	18 530	-18.92%
Telecommunication contracts disputes	68 388	-44.11%

(I) Work of the Civil Cases Adjudication

In 2014, the people's courts gave full play to the function of civil cases adjudication by adjudicating in accordance with law various civil cases with a view to safeguarding the improvement of people's livelihood and protecting people's legitimate rights and interests.

1. Case Adjudication

—Adjudicating in accordance with law cases involving marriage, family and inheritance disputes. 1 618 904 cases involving marriage, family and inheritance disputes were concluded, up

0.43% year on year. Among these cases, there were 1 307 242 cases involving divorce-related disputes, up 1.86% year on year; 24 573 cases involving disputes over support for elderly, up 0.57% year on year; 50 076 cases involving disputes over support for child and spouses, up 5.08% year on year; 27 674 cases involving child-raising payment, up 3.15% year on year; 84 452 cases involving inheritance disputes, down 24.11% year on year. Thus family harmony was enhanced, social stability maintained, and legitimate rights and interests of unerring parties and disadvantaged groups protected, in particular legitimate rights and interests of women, children, disabled people and left-behind elderly in rural areas.

Cases of First Instance Involving Disputes over Marriage, Family and Inheritance Concluded by the People's Courts in 2014

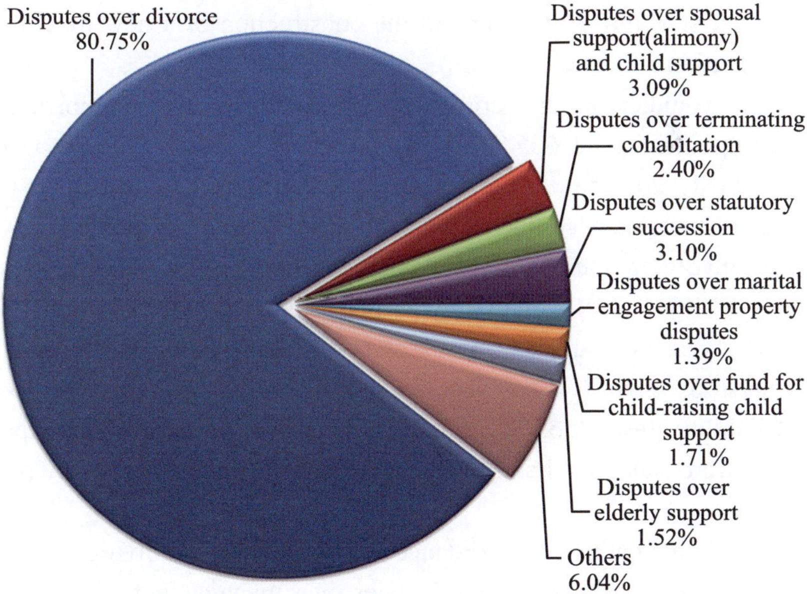

—Adjudicating in accordance with law cases involving labor disputes. The principle was upheld to strike balance between protection of rights and interests of laborers and survival and development of enterprises, with 374 299 cases involving labor disputes concluded, up 5.52% year on year. Legitimate rights and interests of laborers was safeguarded, the healthy development of enterprises enhanced and the harmonious and stable laborer-industry relations promoted.

—Adjudicating in accordance with law cases related to three Nong (San Nong in Chinese pronunciation), i.e. cases related to agriculture (Nongye), rural areas (Nongcun) and farmers (Nongmin). 18 530 cases involving disputes over rural land contracts were concluded, down 18.92% year on year; 2239 cases involving disputes over rural residential land, up 1.73% year on year. Thus legitimate rights and interests of farmers were protected, contributing to agriculture modernization and the construction of a new model of urbanization.

—Adjudicating in accordance with law cases involving infringement upon rights. 1 605 726 cases involving disputes over tort were concluded, up 5.51% year on year, including 769 147 cases involving road accident compensation, up 1.10% year on year; 18 340 cases involving medical injury compensation, up 4.62% year on year; 112 762 cases involving property damage compensation, up 4.69% year on year; 34 565 cases involving disputes over property ownership, down 6.49% year on year; 8994 cases involving product liability, up 44.53% year on year. Thus acts infringing upon rights were sanctioned and people's rights to health and property protected.

—Adjudicating in accordance with law cases involving real estate. 165 928 cases involving disputes over management contracts of real estate development, up 4.86% year on year; 117 587 cases involving disputes over pre-sale contracts of commodity houses, up 6.07% year on year; 108 195 cases involving disputes over construction project contracts, up 17.68% year on year; 17 080 cases involving disputes over housing demolition and relocation, up 9.61% year on year; 1039 cases involving disputes over contracts concerning assignment of land use rights, up 17.14%; 1635 cases involving disputes over contracts on transfer of land use rights, up 7.92% year on year; 5742 cases involving disputes over leasing contracts of state-owned land, up 45.15%. Thus the establishment and standardization of market transaction order based on honesty and trustworthiness was advanced and the healthy development of real estate industry enhanced.

—Adjudicating in accordance with law cases involving disputes over private lending. 1 024 379 cases involving disputes over private lending were concluded, up 19.85% year on year. Thus private lending activities were regulated with a view to overcoming the difficulties faced by medium, small and micro-sized enterprises, preventing regional financial risk, safeguarding stability of financial order, promoting healthy development of real economy and maintaining harmonious stability of society.

—Adjudicating in accordance with law cases involving protection of consumer rights. 8994 cases involving disputes over product liability were concluded, up 44.53% year on year; 325 743 cases involving disputes over service contracts, up 10.57% year on year; 68 388 cases involving disputes over telecommunication contracts, down 44.11% year on year; 392 cases involving postal contracts, up 30.67% year on year. Thus legitimate rights and interests of consumers were protected, the level of observing the law by business operators enhanced and the order of socialist market economy safeguarded.

Cases Involving Infringement upon Rights(Tort) and Other Civil Cases of First Instance Concluded by the People's Courts in 2014

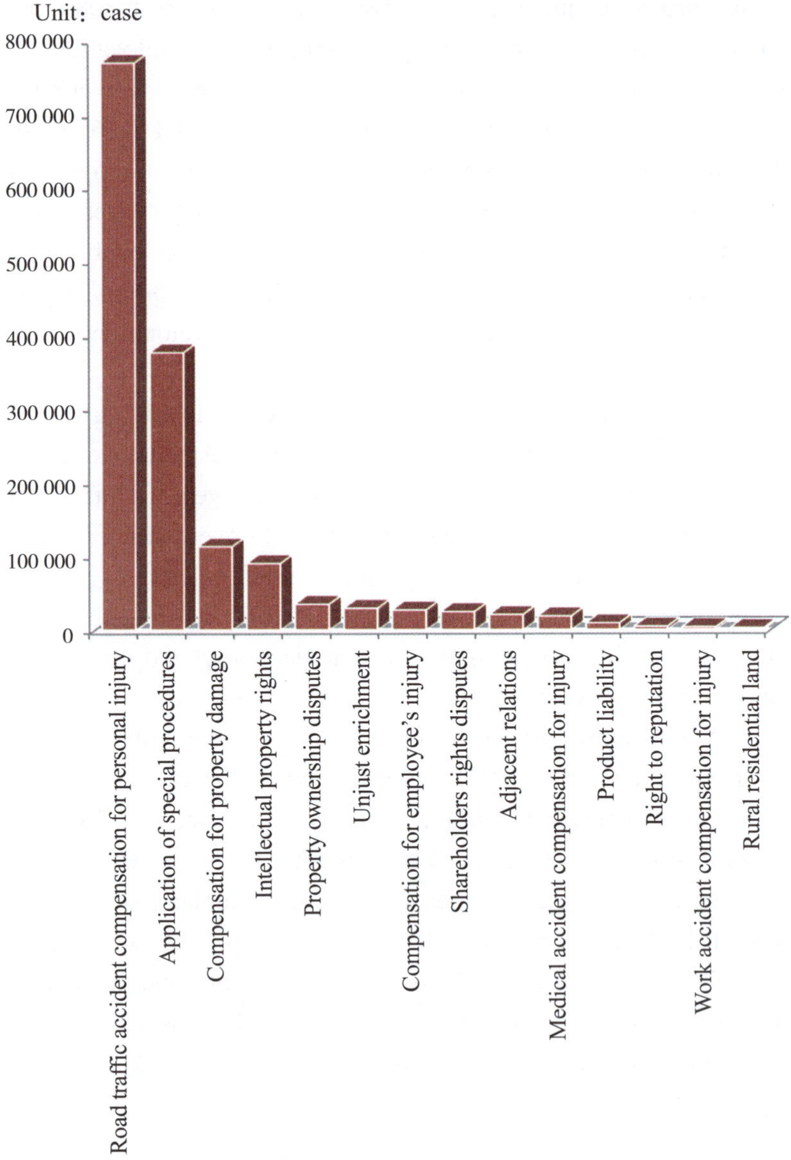

2. Institutional Construction and Implementation

—Formulating timely judicial interpretations and normative documents. *SPC Interpretation on Issues Concerning the Application of Laws in the Trial of Mediation and Arbitration Cases of Disputes over Rural Land Contracting Management* was promulgated with the view to creating easy access to arbitration and litigation for disputes over rural land contracts. *The Provisions of the SPC on Several Issues Concerning Law Application in Adjudication of Civil Cases Involving Disputes over Infringements upon Personal Rights and Interests Using Information Networks* were promulgated with a view to protecting legitimate rights and interests of citizens, legal persons and other organizations, regulating actions via network and creating a regulated and orderly network environment.

—Reinforcing guidance and supervision over the work of civil trials. The Third National Working Conference of the People's Courts was convened and *Several Opinions on Further Strengthening the Work of the People's Courts under the New Situation* was promulgated with a view to further defining the function of the people's courts and making full use of the role of the people's courts in participating social grassroots governance. *The White Paper on Overview of the Protection of Rights and Interests of Consumers 2010-2013* was issued, making public ten exemplary cases concerning the protection of rights and interests of consumers by the people's courts with a view to guiding consumers to improve their awareness and capabilities to protect their own rights in accordance with law and in a rational manner. *The Opinions of the SPC on Further Maximizing its Function to Safeguard National Defense Interests and Legitimate Rights and Interests of Servicemen and Their Dependants* were promulgated with a view to safeguarding national defense interests and legitimate rights and interests of servicemen and their dependants. *The Opinions on Further Maximizing the*

Function of Adjudication to Promote the New Model of Urbanization of the Country were issued with a view to advancing the national strategy of a new model of urbanization and providing strong judicial guarantee for the harmonious development of the economy and the society.

(II) Work of the Commercial Cases Adjudication

In 2014, the people's courts seriously exercised its function for adjudication of commercial cases with a view to equally protecting legitimate rights and interests of various market entities and promoting the continuous and the sustainable and healthy development of the economy and the society.

1. Case Adjudication

—Adjudicating in accordance with law cases involving disputes over financial contracts. The people's courts adjudicated in accordance with law commercial cases concerning disputes over insider trading in capital markets, settlement of debt of local governments, protection of large-size real economic enterprises and disputes caused by major and serious criminal cases. In the year 1 653 846 cases involving dispute over loan contracts were concluded, up 16.47% year on year; 10 591 cases involving new types of financial lease contracts, up 34.56% year on year; 90 552 cases involving dispute over insurance contracts, up 15.02% year on year; 11 164 cases involving dispute over loan contracts between enterprises, down 0.07% year on year. This achieved positive legal and social effects.

—Adjudicating in accordance with law cases involving dispute over rights of shareholders and securities. 24 446 cases involving dispute over rights of shareholders such as transfer of shares and confirmation of equities, up 36.28% year on year; 2413 cases involving dispute over securities, up 579.72%. This contributed to the orderly development of capital market and smooth running of the security transactions.

—Properly settling disputes over bankruptcy of enterprises. 2059 cases involving dispute over bankruptcy of enterprises were concluded, up 3.05%. The issue of exit from market of enterprises in economic restructuring in accordance with law was carefully analyzed and the legal procedure of bankruptcy and liquidations was properly applied with a view to providing a judicial safeguard for industrial upgrade and economic restructuring.

2. Institutional Construction and Implementation

—Formulating timely judicial interpretations and normative documents. *SPC Decision on the Amendment of Provisions on Issues Concerning the Application of Company Law of the People's Republic of China* was promulgated and the three judicial interpretations (Ⅰ), (Ⅱ), (Ⅲ) on *the Provisions of the SPC on Several Issues Concerning the Application of the Company Law of the People's Republic of China* were reissued with the view to providing a positive legal environment for the development and expansion of market entities. *SPC Interpretation on the Application of Laws in the Trial of Cases of Disputes over Financing Lease Contracts* were promulgated with a view to enhancing and regulating the healthy development of the Financial Leasing. *The Guiding Opinions on the Providing of Judicial Safeguard by People's Courts for the Merger and Restructuring of Enterprises* was issued with a view to improving and optimizing the legal environment for the merger and restructuring of enterprises and promoting the smooth proceeding of the merger and restructuring of enterprises.

—Strengthening the judicial guidance on the work of commercial cases trial. The Symposium of commercial and industrial representatives and non-public enterprises representatives was convened to seek opinions and suggestions on how the people's courts could provide judicial safeguard for the healthy development of non-public sectors of the economy. *The Opinions on Equally Protecting in Accordance with Law Non-Public Sectors of the Economy and Promoting the Healthy Development of the Non-Public Sectors of the Economy* was promulgated with a view to guiding people's courts at all levels to protect legitimate rights and interests of the operators of non-public sectors of the economy. *The Notice on Launching Pilot Work in Several People's Courts to Reform Adjudicating Methods of Bankruptcy Cases* was issued and relevant pilot work was carried out in 21 people's courts of the country with a view to establishing an improved legal safeguard system for bankruptcy of enterprises.

—Participating in the work of legislation. The SPC participated in the work on revision of *the Insurance Law*, *the Securities Law* and *the Trust Law* and in the work on legislation of *the Futures Law*, in which they made research and investigation and provided opinions and suggestions on several major issues.

(Ⅲ) Adjudication of Cases Involving Intellectual Property Rights

In 2014, the people's courts, by actively advancing the reform of the judicial system of intellectual property rights, fully implemented the strategy of innovation-driven development with a view to providing safeguard for the construction of an innovative country.

1. Case Adjudication

—Protecting in accordance with law civil rights and interests in cases involving intellectual property rights. 94 501 civil cases of first instance involving intellectual property rights were concluded, up 7.04% year on year, including 9225 cases involving patent rights, up 0.56% year on year; 21 336 cases involving trademark rights, down 4.57% year on year; 59 174 cases involving copyrights, up 13.24% year on year; 1016 cases involving technology contracts, up 11.89% year on year; 1355 cases involving disputes over unfair competition, up 13.39% year on year; and 2395 cases involving other types of intellectual property rights, down 0.08% year on year. Thus the fundamental role of civil jurisdiction was fully exercised in protecting intellectual property rights. The SPC concluded two cases involving unfair competition and monopoly between Qihoo 360 and Tencent, with land-marking significance to promote optimized allocation of market resources and to regulate the competition order of business on internet.

—Severely punishing crimes involving violations of intellectual property rights. 10 803 criminal cases of first instance involving violations of intellectual property rights were concluded, up 17.27% year on year; judgments made took effects on 13 904 persons, up 3.58% year on year. The courts continued to crack down and keep high pressure on crimes involving violations of intellectual property rights, effectively punishing and deterring criminal acts of violations of intellectual property rights.

—Supervising administrative authorities related to intellectual property rights on their exercise of function in accordance with law. The people's courts adjudicated in accordance with law administrative cases involving authorization of patents, trademarks and other types of intellectual property rights. In the year 4887 administrative cases of first instance involving intellectual property rights were concluded, up 68.46% year on year, thereby contributing to the regulation of administrative acts related to intellectual property rights and the safeguard of legitimate rights and interests of subject parties of administrative acts.

Cases of First Instance Concerning Intellectual Property Rights Concluded by the People's Courts (2010-2014)

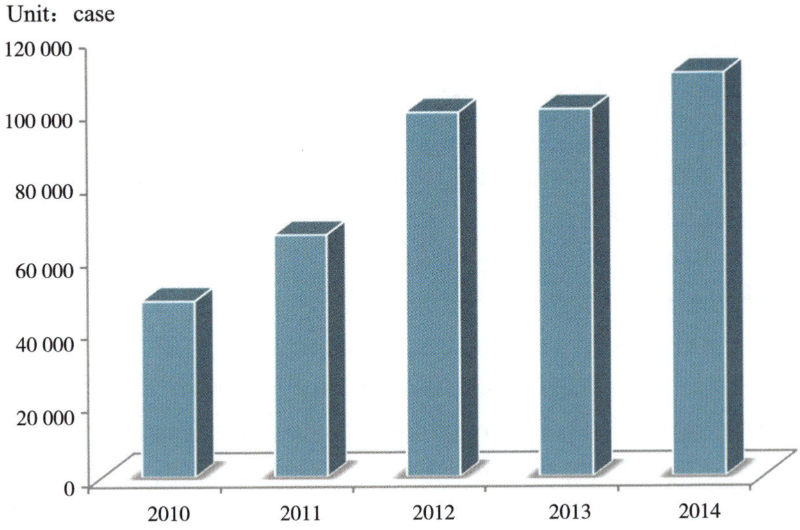

2. Institutional Construction and Implementation

—Improving the working mechanism for adjudication of cases involving intellectual property rights. *The Interpretation of the SPC Concerning Jurisdiction on Trademark Cases and Application of Law after the Entry into Force of the Decision on Amending the Trademark Law* was promulgated with a view to defining the basic principles and standards on jurisdiction and application of new as well as previous laws after the entry into force of the new *Trademark Law* with a view to ensuring the proper implementation of the new *Trademark Law*. Efforts were made for the proper placement of courts with jurisdiction on cases involving intellectual property rights and strictly limit the number of courts with jurisdiction on cases involving intellectual property rights. By the end of 2014, nationwide there were 87 intermediate people's courts with jurisdiction on patent cases, 46 on new plant species cases, 46 on integrated circuit layout design cases, 45 on cases involving disputes over well-known trademark, and 164 primary people's courts on common intellectual property cases. Intellectual Property Rights Court of Beijing has the exclusive jurisdiction on administrative cases involving authorization and determination of rights. The mechanism for affirmation of technical facts was further improved with a view to intensifying the examination of authentication opinions and expert opinions and to upgrading the level of scientific affirmation of technical facts. The SPC appointed 10 academicians as special experts for scientific and technical advice. The local courts also established or replenished its pool of scientific and technical experts and improved the mechanism for participation of expert assessors.

—Enhancing the transparency of judicial protection for intellectual property rights. Greater efforts were made to enhance judicial transparency. For cases of serious concern to the society, a panorama exposure was made on their adjudication using "omnimedia" instruments. On its first open day for diplomats, the SPC used live television to broadcast the adjudication of the case involving Gllon Sanitary Company, which received extensive attention from domestic as well as the international community. On April 26th-the World Intellectual Property Day, the SPC and 10 High People's Courts issued separately the White Paper on judicial protection of intellectual property rights and exemplary cases involving intellectual property rights with a view to establishing a three-dimensional and all-directional model of communication and to achieving positive media communication effects.

(Ⅳ) Adjudication of Civil and Commercial Cases Involving Hong Kong, Macao, Taiwan and Foreign-related Matters and Maritime disputes

In 2014, the people's courts fully implemented the strategy of first-quality adjudication and further improved the adjudication mechanism and working mechanism for cases involving foreign-related matters and maritime disputes with a view to constantly improving the judicial environment for foreign-related matters and maritime disputes, to promoting cross-Strait economic cooperation and to boosting economic prosperity in Hong Kong and Macao.

Cases of First Instance Involving Hong Kong, Macao, Taiwan and Foreign-Related Matters and Maritime Cases Concluded by the People's Courts in 2014

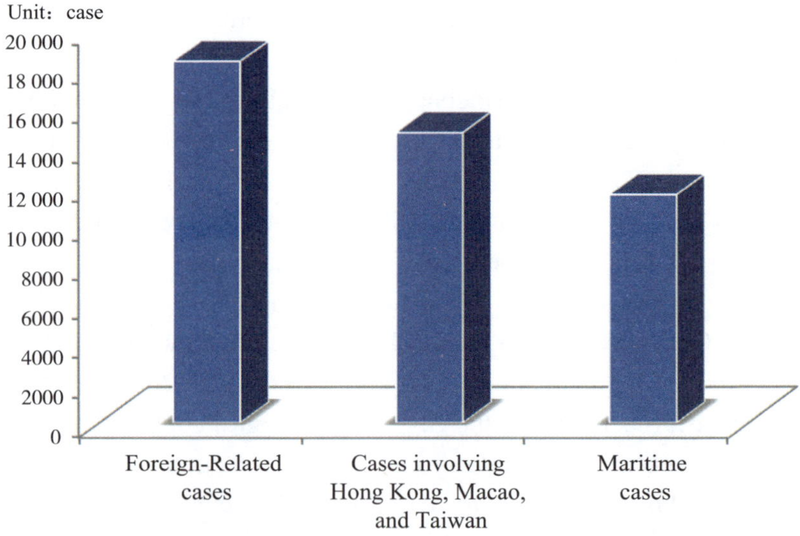

1. Case Adjudication

—Adjudicating in accordance with law civil and commercial cases involving foreign-related matters. 15 780 civil and commercial cases involving foreign-related matters were concluded, basically the same number as last year, including 5804 cases involving disputes over foreign-related contracts, up 8. 2% year on year; 401 cases involving disputes over letter of credit, down 18. 16% year on year;

3139 cases involving disputes over foreign-related ownership and torts, down 2.55% year on year; 1044 cases involving applications for recognition and execution of civil and commercial judgments by foreign courts, down 13.29% year on year; and 30 cases involving applications for recognition and execution of foreign commercial arbitral awards, down 14.29% year on year. Thus equal protection was accorded to legitimate rights and interests of foreign parties and, with open and transparent judicial adjudication, a favorable judicial environment was provided for an opened-up new economic system.

—Adjudicating in accordance with law cases involving maritime disputes. 11 678 cases involving maritime disputes were concluded, up 3.35% year on year, including 1863 cases involving maritime tort including ship collisions or compensation for damages caused by pollution from ship and port operations, up 45.89% year on year; 9654 cases involving disputes over maritime contracts such as maritime freight transport contracts, maritime insurance contracts and ship building and sales contracts, down 1.26% year on year. Thus the order of maritime trade was effectively safeguarded, the development of marine economy greatly promoted, and strong judicial safeguard for the implementation of the strategy of constructing a marine economic power was provided.

—Adjudicating in accordance with law civil and commercial cases involving IIong Kong, Macao and Taiwan. 4956 civil and commercial cases involving Taiwan were concluded, down 11.52% year on year; 8229 civil and commercial cases involving Hong Kong, down 1.41% year on year; 814 civil and commercial cases involving Macao, up 0.25% year on year. 333 judgments, rulings and mediation documents by courts in Hong Kong, Macao and Taiwan were recognized, up 21.09% year on year. Thus cross-Strait economic and trade cooperation was safeguarded and economic prosperity and development of Hong Kong and Macao boosted.

2. Institutional Construction and Implementation

—Increasing the global influence of Chinese judicature. The case involving dispute over stakeholder investment between Singaporean Sino Environment Technology Group Ltd. and Thumb Environmental Technology Group (Fujian) Ltd. was openly adjudicated, fully demonstrating the international level of adjudication of foreign-related commercial cases. A series of activities were launched to celebrate the thirty years anniversary of adjudication of maritime cases, including the issuance of the White Paper on thirty years of adjudication of maritime cases in English and Chinese version, the publishing of ten exemplary cases, and the establishment of International Maritime Judicial Centre. The judgment for Japan-related case involving Zhongwei Shipping Company was executed in accordance with law, setting an example to honor judicial authority in the international community.

—Improving the working mechanism of adjudication. The Hengqin New Area People's Court and the Qianhai People's Court of Guangdong Province were accorded the jurisdiction mandate on foreign-related matters and matters related to Hong Kong, Macao and Taiwan with a view to establishing a jurisdiction structure for foreign-related matters and matters related to Hong Kong, Macao and Taiwan within the opened-up new economic system. A base for identification and research of foreign laws in cooperation with China University of Political Science and Law, and a center for identification and research of ASEAN laws with Southwest University of Political Science & Law, which were established with a view to exploring the mechanism for the identification and application of extraterritorial laws. Pilot programme was launched for integrated jurisdiction on maritime, civil and administrative cases. Efforts were also made to increase the number of assessors by Taiwan compatriots and the work on participation in trials by Hong Kong and Macao compatriots as assessors will soon be launched nationwide.

(V) Adjudication of Cases Involving Environmental Resources

In 2014, the people's courts gave full play to their function of adjudicating cases involving environmental resources with a view to safeguarding full and proper implementation of laws and regulations related to environmental resources, to advancing judicial governance of ecological environment and the formulation of ecological civilization, to timely responding to new expectations of the people for jurisdiction of environmental resources and to providing solid safeguard for the construction of a China of beauty.

1. Case Adjudication

—Adjudicating in accordance with law cases involving contracts of environmental resources. 72 822 cases of first instance involving disputes over contracts of environmental resources were concluded, down 13.42% year on year, including 54 235 cases involving disputes over contracts of electricity, water, gas and heating power, down 11.34% year on year; 57 cases involving disputes over contracts of cooperation for exploration and development of natural resources, down 32.14%. High attention was given to the adjudication of cases involving disputes over contracts on resources related to people's livelihood with a view to safeguarding in accordance with law legitimate rights and interests of the people.

—Adjudicating in accordance with law cases involving ownership and tort related to environmental resources. 3331 cases of first instance involving ownership and tort related to environmental resources, up 35.19% year on year, including 147 cases involving disputes over mining rights, down 7.55% year on year; 303 cases involving disputes over the right of use of natural resources, down 24.06% year on year; 2881 cases involving compensation for damage from environmental pollution, up 51.15% year on year. Thus the legitimate rights and interests of users of resources were safeguarded, acts of tort punished, ecological environment protected, and rational development and exploration of natural resources enhanced.

Adjudication of Civil Cases Involving Resources Exploration and Environmental Protection by the People's Courts in 2014

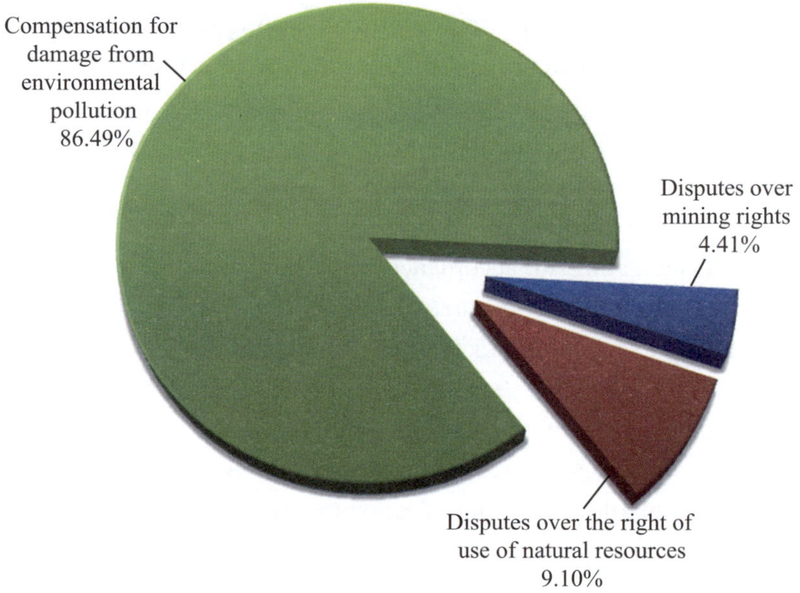

2. Institutional Construction and Implementation

—Establishing the basic structure for the adjudication of cases involving environmental resources. The SPC established the Judicial Division of Environmental Resources to focus on the adjudication work of and guidance on cases involving environmental resources. *The Opinions of the SPC on Fully Strengthening the Work of Adjudication of Environmental Resources to Provide Solid Judicial Safeguard in Advancing the Construction of Eco-civilization* was promulgated to guide the adjudication work of the courts nationwide involving environmental resources. By the end of 2014, 373 tribunals, collegiate benches or circuit courts of environmental protection were established in 20 provinces, regions and municipalities. 292 adjudication institutions involving environmental resources were set up in the primary courts, 63 in intermediate courts, 17 in high courts.

—Guiding the adjudication work involving environmental resources. *The Interpretation of the SPC on Several Issues Concerning Law Application in the Adjudication of Civil Litigation Involving Environmental Public Interests* was promulgated with a view to further elaborating the provisions in *the Civil Procedure Law* and *the Environmental Protection Law* related to the adjudication of civil litigation involving environmental public interests and to solving problems in the adjudication of civil litigation involving environmental public interests. *The Notice on Enforcing the System on Civil Litigation of Environmental Public Interests* was issued with a view to establishing a bridge between administrative enforcement and environmental jurisdiction. Efforts were made to put into effect the basic requirements for the strengthening of rule of law and judicial transparency, to make public nine cases with guiding effects related to protection of environmental resources, in particular the adjudication of civil litigation involving environmental public interests, and to standardize the criteria on judicial adjudication of cases involving environmental resources. The system of "one case, one submission" for the adjudication of civil lawsuits involving environmental public interests was set up so as to be understand timely of the adjudication nationwide of civil litigation involving environmental public interests and to observe and guide the adjudication of important cases. The case brought up by the Federation of Environmental Protection of Taizhou City of Jiangsu Province against 6 enterprises including Jiangsu Changlong Agrochemicals Co. Ltd. involving compensation for damage from environmental pollution was listed as one of the Ten Major Civil Cases of China and provided guidance to courts at all levels on their filing and adjudication of civil litigation involving environmental public interests.

—Blazing new trails in establishing jurisdiction and adjudication model for cases involving environmental resources. Exploratory efforts were made on the model to centralize the adjudication of criminal, civil and administrative cases involving environmental resources, to standardize the criteria for adjudication of related cases, to overcome regional protectionism and to achieve first-quality and effective adjudication of cases involving environmental resources. Exploratory efforts were also made to change jurisdiction model from the current one based on administrative division, which artificially segments the eco-system such as the naturally-born river valley, to the new one based on natural division of eco-system such as river valley or eco-function zone with a view to achieving a focused jurisdiction of cases involving environmental resources of multiple administrative regions.

Ⅲ Judicial Work on Administrative Cases

In 2014, the people's courts adjudicated in accordance with law administrative cases, participated actively in the revision of *the Administrative Procedure Law* and advanced the reform of administrative litigation mechanism and system, with a view to giving fully play to the role of adjudication of administrative cases in pushing forward the establishment of rule of law within the government and in effectively safeguarding legitimate rights and interests of the people and social harmony and stability.

1. Case Adjudication

In 2014, the people's courts at all levels accepted 193 240 administrative cases of first instance, second instance and retrial and concluded 180 163 cases, up 20.98% and 15.09% year on year respectively. Among these cases, 141 880 administrative cases of first instance were accepted and 130 964 cases concluded, up 15. 17% and 8. 53% year on year respectively.

—These cases covered almost all types of administrative acts by the government. 20 860 cases involving urban construction, including planning, demolition, relocation and house registration, were concluded, up 5. 77% year on year; 12 002 cases involving labor and social security, up 4. 87% year on year; 13 829 cases involving public security, up 35. 17% year on year; 18 658 cases involving resources, including land, geological minerals, forestry and grassland, up 3. 90% year on year; 2324 cases involving township government, up 12. 71% year on year; 4361 cases involving trademarks, up 104. 65% year on year; 5009 cases involving family planning, down 38. 56% year on year; 2043 cases involving traffic administration, down 18. 57% year on year. The adjudication of administrative cases effectively promoted the rule of law within the government.

Fields of Administrative Governance Involved in Administrative Cases of First Instance Concluded by the People's Courts in 2014

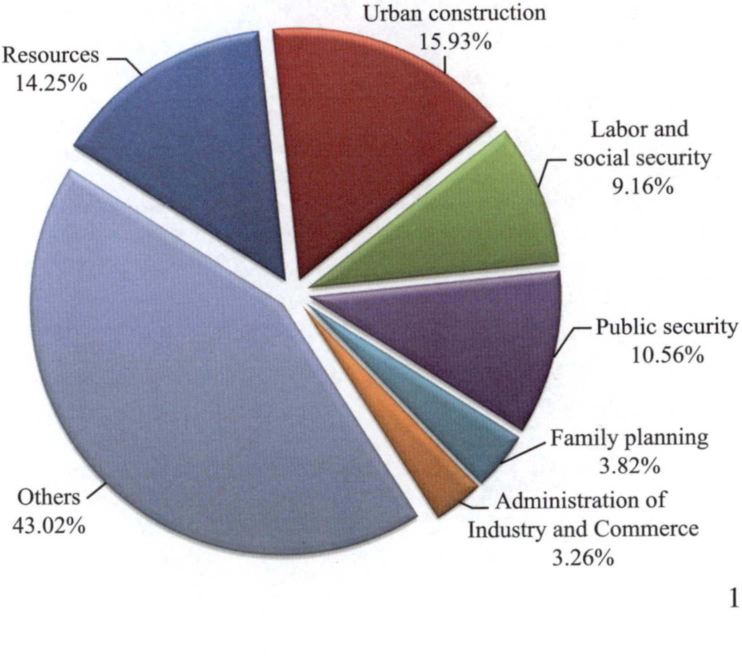

—These cases related to vital interests of subject parties in administrative process. 12 889 cases involving administrative inaction were concluded, up 12.13% year on year; 19 514 cases involving administrative penalties, down 9.54% year on year; 13 092 cases involving administrative adjudication, up 12.44% year on year; 5384 cases involving administrative license, down 10.93% year on year; 3312 cases involving administrative compulsory measures, up 28.62% year on year; 1671 cases involving administrative compensation, down 17.97% year on year; 75 102 cases involving administrative acts, up 15% year on year. The adjudication of administrative cases related to vital interests of subject parties contributed to effectively safeguarding legitimate rights and interests of the people.

Types of Administrative Cases of First Instance Concluded by the People's Courts in 2014

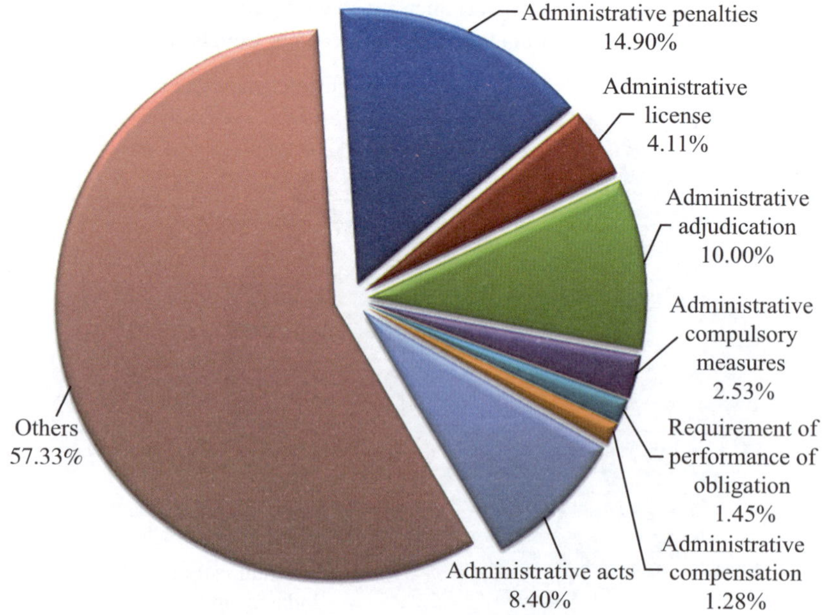

2. Institutional Construction and Implementation

—Participating actively in the revision of *the Administrative Procedure Law*. The SPC assisted legislation authorities on the work of amendment of *Administrative Procedure Law*, worked together with the latter to investigate into major difficult issues existing in the work of administrative adjudication, collected extensively and sorted out different opinions and suggestions, analyzed jointly the draft of various provisions of amendment, and provided first-hand materials of practice, thereby contributing to the successful amendment of the law at issue. The National Video Working Conference on Administrative Adjudication of Courts was convened to lay out arrangement on the work of serious study and implementation of the newly-amended *Administrative Procedure Law*.

—Strengthening the guidance on adjudication of administrative cases. *SPC Rules on the Issues in Trial of Administrative Cases on Employment Injury Insurance* were issued with a view to regulating adjudication and judgment of cases involving work-related injury, to strengthening the guidance on administrative acts by social security authorities in accordance with law and to standardizing the criteria and procedures for determining work-related injury. The "Top Ten Exemplary Cases Involving Administrative Inaction", "Top Ten Exemplary Cases Involving Demolition and Relocation", "Top Ten Exemplary Cases Involving Transparency" and "Top Ten Exemplary Cases Involving Environmental Protection" were made public with a view to regulating administrative acts and to standardizing the criteria of adjudication. Efforts were made to expand the sectors to separate judgment and implementation and the regions for such separation on a pilot basis and meetings were convened jointly with relevant authorities to exchange experiences on house expropriation, with a view to making arrangement for the work of separation of judgment and implementation and to advancing the work of house expropriation and demolition in a legal and orderly manner. Efforts were also made to improve the jurisdiction work such as centralized jurisdiction, cross jurisdiction and jurisdiction by a higher court with a view to overcoming the interference by regional and departmental protectionism.

Ⅳ Work of State Compensation

In 2014, the people's courts adhered to the principle of rule of law, exercised faithfully their duties to safeguard human rights through the work of state compensation, given full play to the right-relief function of state compensation and contributed to scientific development of the work of state compensation.

Cases Involving State Compensation Concluded by the People's Courts (2010-2014)

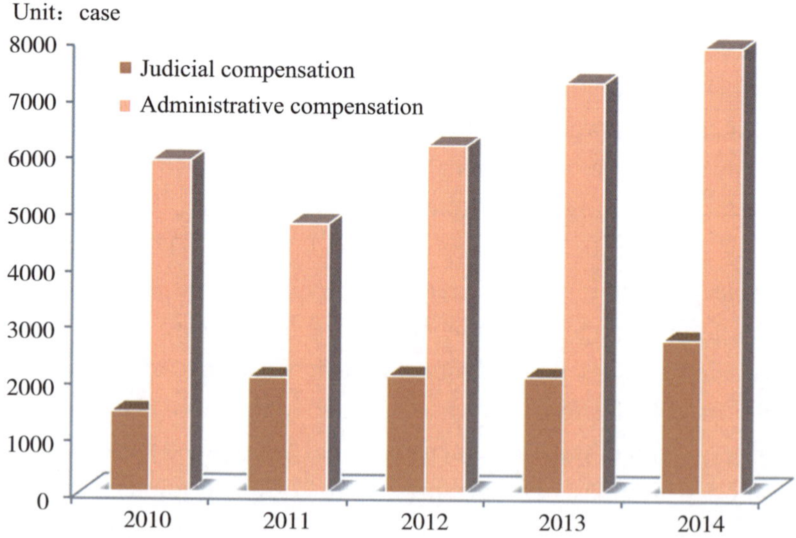

1. Case Adjudication

In 2014, the people's courts at all levels accepted 8050 administrative compensation cases of first instance and concluded 7881 cases, up 8.58% and 8.55% year on year respectively. They accepted 2831 judicial compensation cases and concluded 2708 cases, up 38.1% and 32.42% year on year respectively.

—Adjudicating in accordance with law administrative compensation cases. 7881 administrative compensation cases of first instance were concluded, up 8.55% year on year, including 6074 independent cases involving administrative compensation, up 4.60% year on year; 1807 cases involving administrative compensation raised during administrative cases, up 24.36% year on year. Greater efforts were made on mediation and 308 compensation cases were successfully mediated in the year, thereby contributing to the substantive resolution of state compensation disputes.

—Adjudicating in accordance with law judicial compensation cases. 2708 judicial compensation cases were concluded, up 32.42% year on year, including 1215 criminal compensation cases, up 36.52% year on year and 1493 non-criminal compensation cases, up 29.26% year on year. Greater efforts were made to safeguard the rights and interests of compensation claimants and, in 482 cases, the claimant's requests for compensation were affirmed, representing a total compensation value of RMB 113.3889 million, up 29.81% year on year. Among them, victims of criminal miscarriages, such as Hugjiltu and Xu Hui, were compensated according to law, thereby reflecting respect for and safeguard of human rights.

2. Institutional Construction and Implementation

—Guiding the adjudication of criminal cases involving miscarriage of justice. *The Opinions on Further Strengthening the Work of State Compensation for Cases Involving Miscarriage of Justice* were promulgated, putting forward several requirements on strengthening and improving the work of state compensation on the linkage between state compensation and correction of wrongful criminal convictions, protection of and legal interpretation related to litigation right of compensation claimants, and adjudication of compensation cases and enforcement of decisions, judicial relief and rehabilitative measures. *The Opinions on Several Issues Concerning the Application of Mental Distress Compensation in State Compensation Cases Adjudicated by the Compensation Committee of the People's Courts* was promulgated with a view to unifying the law application criteria on difficult problems related to the constitute and assumption of responsibility from the exercise of judicial rights infringing upon personal rights of citizens and causing mental distress, to regulating the exercise of discretion on compensation value for mental distress and to fully realize spiritual consolation for the victims.

—Establishing an innovative mechanism to enhance the openness of jurisdiction and to facilitate people's access to judicial services. *Some Opinions on Further Strengthening the Work of Jurisdiction Openness Involving State Compensation* was issued with a view to improving the mechanism and criteria related to jurisdiction openness and to allowing the general public to utilize their rights to information and rights of supervision on the work of state compensation. *Some Opinions on Facilitating People's Access to Judicial Services* was also issued with a view to improving the working mechanism to facilitate people's access to judicial services related to state compensation, to upholding the principle to increase efficiency of such facilitation, to protecting legitimate rights and interests of claimants of state compensation and to safeguarding the timely acquisition of compensation by the claimants.

V Work of Judgment Enforcement

In 2014, the people's courts faithfully implemented the basic thoughts on the work of enforcement, i. e. to eliminate root causes while resolving current problems related to enforcement and to firmly uphold the compulsory nature of enforcement and enhance the conformity to relevant criteria and the information technology application in related work. They also vigorously conducted special campaigns on enforcement with a view to resolving the difficulties of enforcement and to achieving new progress in enhancing enforcement credibility.

1. Case of Judgment and Legal Documents Enforcement

In 2014, the peoples courts at all levels accepted 3 138 509 cases involving various types of enforcement and executed 2 906 861 cases, up 10.75% and 6.96% year on year respectively. The value of the claims contested amounted to RMB 908.941 billion, up 25.63% year on year.

—Executing in accordance with law cases involving various types of enforcement. 2 536 251 cases involving litigation-related enforcement were executed, up 8.57% year on year, including 2 427 210 civil and commercial cases, up 10.00% year on year; 102 490 criminal cases, down 14.78% year on year; and 6551 administrative cases, down 28.07% year on year. 370 610 cases have been executed involving non-litigation enforcement, down 2.92% year on year, including 155 427 cases involving enforcement of administrative non-litigation review, down 6.54% year on year; 142 464 cases involving arbitration enforcement, up 7.20% year on year; 22 206 cases involving enforcement of documents of notarized creditor's rights, up 11.89% year on year; and 50 513 cases involving enforcement of judicial assistance and other enforcement, down 19.46% year on year. Thus the people's courts played an important role in enforcing judicial judgments that entered into force, in suppressing illegal acts, in protecting legitimate rights and interests of related parties and in safeguarding the authority of rule of law.

Enforcement Cases Executed by the People's Courts in 2014

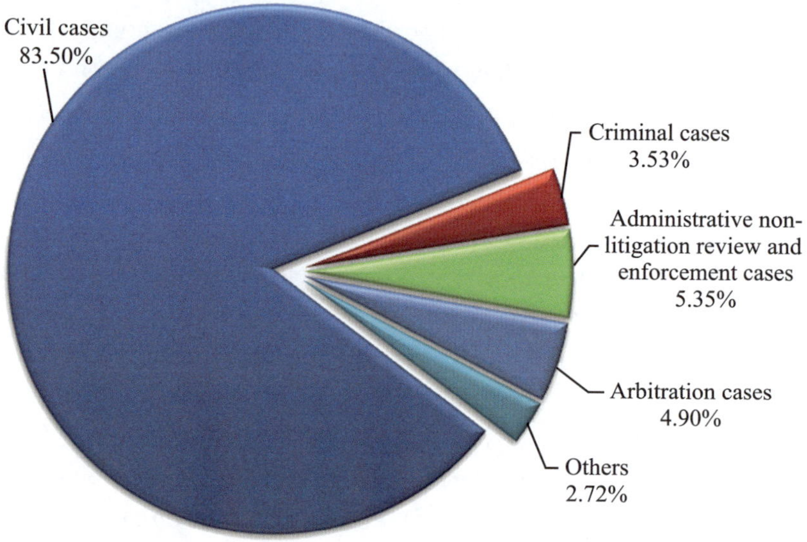

—Executing long-pending enforcement cases in specific areas. The special campaign titled "Change execution style and regulate execution acts" to execute relevant long-pending enforcement cases. In the year 246. 7 thousand cases involving people's livelihood were executed, with the total value of executed cases amounting to RMB 8. 09 billion; judicial assistance was provided to 14 thousand parties, with the total value of assistance amounting to RMB 140 million; about 4000 cases involving financial claims were executed, with the total value of executed cases amounting to RMB 12. 2 billion; 921. 3 thousand cases of other types accepted for more than one year were executed, with the total value of executed cases amounting to RMB 112. 088 billion. The SPC, together with relevant authorities, launched a special campaign focusing on fight against crimes such as refusing enforcement of judgment or ruling, with 696 criminals convicted, up 17.8% year on year, effectively punishing crimes of resisting enforcement and firmly safeguarding legal sanctity and judicial authority.

—Launching full examination and registry on cases executed. Based on facts registered in case files and actually executed, the work on the examination and registry of executed cases statistics was launched. Cases accepted after 1st January 2007 and registered in the executed cases information management system by the courts nationwide were examined case by case, information verified piece by piece, mistakes corrected and missing parts replenished. Cases not registered in the executed cases information management system by the courts nationwide, including pre-registered cases accepted, cases registered under an informal number as well as cases that should be registered but still circulated outside the information system, were registered with information put on record. Cases accepted before 2007 but up to now not executed and not registered in the information system shall be put on record. In the year over 20.43 million cases were examined and almost 1 million cases accepted.

2. Institutional Construction and Implementation

—Advancing the application of information technology. The Command Office of the SPC was set up and the command system of execution established, with the network enforcement inquiry and control as its core mechanism, possessing six major functions of remote control, information transparence, credit discipline, supervision management and decision analysis that covers the courts all over the country. The SPC, together with 20 national banks, established the network system of inquiry and control titled "Supreme Court *vis-à-vis* Head Office of the Bank". Through this network system, the people's courts at all levels could inquire about and exercise control over the assets of subject persons in over 3000 outlets of 20 national banks, thereby reforming the inquiry and control methods and enhancing their efficiency. The construction of enforcement information transparence platform was advanced to put all kinds of matters for transparence related to enforcement work into the China Website for Transparence of Enforcement Information with a view to safeguarding right to information and right of supervision of both the parties and the general public. The reform of network judicial auction was steadily pushed forward so as to actively explore multiple modes for network judicial auction. In the year 78 132 pieces of information related to judicial auction were disclosed with total value at issue amounting to RMB 439. 8 billion.

—Strengthening joint credit discipline. The SPC website announced 894 thousand dishonest persons subject to enforcement, including 776 thousand natural persons, 118 thousand legal persons and other organizations. The SPC, together with relevant authorities, exercised credit disciplines on dishonest persons subject to enforcement. In total 56 thousand dishonest persons subject to enforcement and 31 thousand person-times were restricted to travel by train in soft sleeper class; 45 thousand dishonest persons and 1055 thousand person-times were restricted to travel by plane; 100 thousand person-times were restricted to apply for loans or credit cards, thereby effectively deterring dishonest persons subject to enforcement.

—Advancing the work of enforcement standardization. Certain judicial interpretations, including *SPC Interpretation on the Issues Concerning the Application of Laws for the Calculation of Debt Interests During the Delayed Performance in the Execution Procedure*, *SPC Rules on the Enforcement of the Properties Covered by Criminal Judgment*, and *the Provisions on Several Issues Concerning Cases Involving Execution of Objection and Reconsid-*

eration Handled by People's Courts were promulgated with a view to enhancing consistency related to certain practical issues in enforcement, including the criteria on interests calculation and procedure application in handling cases involving objection and reconsideration. Certain normative documents, including *the Guiding Opinions on the Construction of Enforcement Command System*, *the Several Opinions on the Transparence of Enforcement Procedures of People's Courts*, *Opinions on Several Issues Concerning Filing and Execution of Enforcement Cases* and *Notice on Strengthening Information Cooperation to Standardize Enforcement and Assist Execution* were also promulgated to push forward the standardization and criteria establishment of the enforcement command system of the courts nationwide, to streamline procedure management for the filing and execution of enforcement cases and to further safeguard legitimate rights and interests of parties of enforcement cases. Some exemplary cases for guidance on enforcement cases were publicly disclosed to standardize the law application criteria on enforcement cases.

VI Work of Case Filing and Petitions Through Letters and Visits

In 2014, the people's courts, with the objective of promoting rule of law, achieved new breakthrough in the work related to case filing and petition letters and visits by pushing forward the reform in the work of litigation-related petition through letters and visits, making serious researches on and advancing the reform in the work of case filing and registry, and expediting the construction of litigation service centre.

Litigation-Related Petition Through Letters and Visits Handled by the People's Courts (2010-2014)

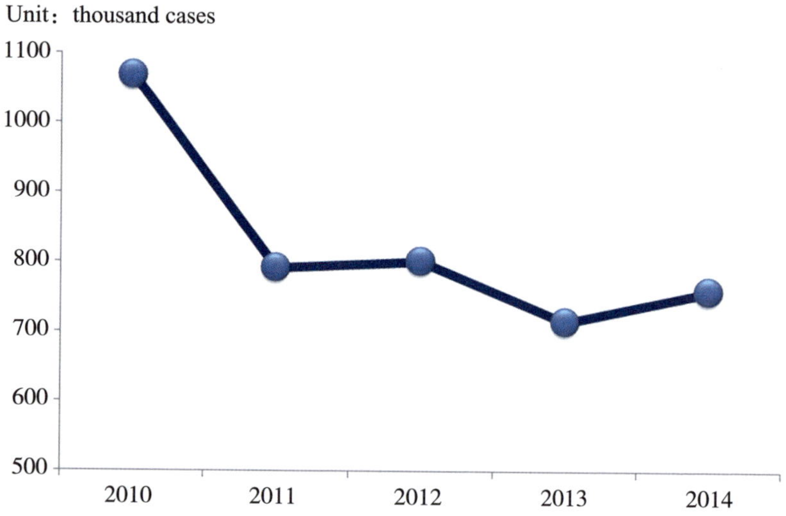

1. Cases Handled by the People's Courts

—Reviewing in accordance with law case filing. 10 426 077 case filing were reviewed, up 7.64% year on year. RMB 175 142 000 of litigation fees were reduced or exempted for litigation parties with confirmed difficulties, down 9.18% year on year. Efforts were made to regulate and keep unimpeded the access to case filing by complainants, to safeguard the rights of parties to litigate in accordance with law and to make sure that impoverished people with justified cases could afford the litigation.

—Receiving in accordance with law petition visits by the general public. The SPC registered 52 648 visits, down 25.11% year on year, and registered 3331 visits via video. The local people's courts at all levels registered 582 890 visits, up 8.11% year on year. The courts consolidated the principle of serving the people and bravely took the political responsibility to settle disputes, safeguard rights and interests and preserve stability.

—Handling in accordance with law petition letters from the general public. The SPC received 171 173 petition letters, down 10.32% year on year, and received 2695 letters via network. The local people's courts at all levels received 175 496 petition letters, up 0.08% year on year. The courts continued to give play to the role of petition letters in expressing demands and smoothing communications, advanced the work on digital management of petition letters and integrated the access by petitioners.

2. Institutional Construction and Implementation

—Promoting the principle of rule of law on the work of litigation-related petition through letters and visits. *The Rules for Remote Video Reception by the Supreme People's Courts* was formulated with a view to guiding petitioners to express their demands through video or network. *The Working Procedure on the Work of Termination by People's Courts in Accordance with Law of Litigation-Related Petition Through Letters and Visits* was formulated with a view to standardizing the procedure for the termination of litigation-related petition through letters and visits. *The Opinions on the Work of Standardization on Judicial Assistance for Litigation-Related Petition Through Letters and Visits (For Trial Implementation)* was issued to resolve practical difficulties of petitioners. *The Provision on Keeping the Order of People's Courts in Accordance with Law for Petition Through Letters and Visits* was issued with a view to guiding the general public to express their demands in an orderly manner.

—Advancing the application of information technology in handling litigation-related petition through letters and visits. The online platform for petition through letters and visits was put online with a view to achieving the objective of "Reception via Outer Network, Management via Inner Network and Reply in Public". The remote video reception system of the SPC was opened, which realized video communication with 99% of local courts of the country. The construction of the regional video reception system was expedited to give full play to the active role of video reception in alleviating petitioners' difficulties and reducing visits in regional capitals and Beijing. The management system of letters was upgraded to realize online registry, management, transfer, supervision and data collection of petition letters. The new structure to integrate the four key factors of video acceptance system, i. e. "video, network, petitioners and letters" was established, which further broadened and smoothed the channel of litigation-related petition through letters and visits and resolved the difficulties related to "impeded access" for litigation-related petition through letters and visits.

—Launching examination on litigation-related petition through letters and visits. The SPC examined 512 cases involving repeated visits in Beijing, detained visits and affray visits, and the local courts examined over 9600 cases involving longstanding visits to regional capitals and Beijing. It was found after such examination that, among all cases involving litigation-related petition through letters and visits, 21.2% had flaws or mistakes and 78.8% had no flaws or mistakes.

—Establishing a new mechanism of litigation services. The construction of the "Troika System", i. e. the Litigation Services Hall, the Litigation Services Website and the "12368" Litigation Services Hotline, and the construction of the Comprehensive Litigation Services Centre were advanced. *The Guiding Opinions on Fully Advancing the Construction of Litigation Services Centre of the People's Courts* was issued with a view to continuously improving the working mechanism for litigation services. The SPC upgraded and renovated the Petition Letters and Visits Hall into the Litigation Services Hall and opened the "12368" Litigation Services Hotline with a view to providing self-help and assisted inquiry services. The Website of Litigation Services was opened to facilitate the parties to make inquiries, fix appointments for filing, read files via internet, contact judges and make appointments for refund, thereby providing easy and rapid litigation services for the general public. Currently, the surface of all litigation services facilities in courts nationwide amount to over 850 thousand square meters, with over 1400 courts opened litigation services website, and over 460 courts opened litigation services hotline.

VII Work of Supervision of Adjudication

In 2014, the people's courts fully exercised their function of adjudication supervision, scrupulously adjudicated various cases under supervision, and timely corrected mistakes in the judicial process, thereby effectively safeguarding the stability of correct and effective judgments and protecting legitimate rights and interests of the parties.

1. Case Adjudication

—Adjudicating in accordance with law cases involving appeal and cases involving retrial application. 125 273 criminal and administrative cases involving appeal and civil cases involving retrial application were concluded, up 7.73% year on year, including 12 798 criminal cases involving appeal, up 16.39% year on year; 15 652 administrative cases involving appeal, up 11.98% year on year; and 96 823 civil cases involving retrial application, up 6.03% year on year. Thus the channel through which the parties exercise their right to remedy was safeguarded in accordance with law, thereby ensuring the procedural justice.

Cases Involving Appeal and Cases Involving Retrial Application Concluded by the People's Courts in 2014

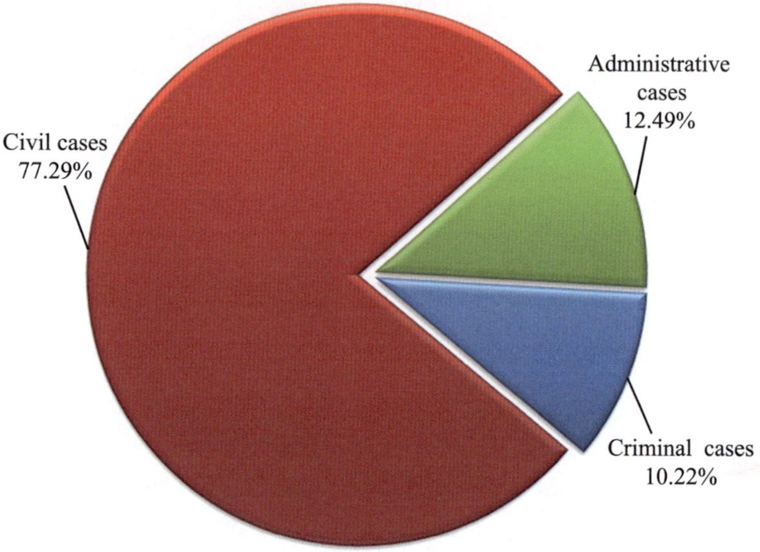

—Adjudicating in accordance with law cases involving retrial. 33 662 cases involving retrial were concluded, down 8. 97% year on year, including 9635 cases of which the judgments were amended, up 5. 03% year on year; and 4281 cases remanded for retrial, down 5. 97% year on year. The number of cases with judgments amended and cases remanded for retrial accounted for 0. 15% of all cases taking legal effect in the same year, with a small number of wrongful judgments corrected in a timely manner. Among the concluded civil cases involving retrial, 3299 were mediated, thereby settling an array of longstanding disputes.

—Adjudicating in accordance with law cases involving prosecutor's protests. 4960 protested and then retried cases of various types were concluded, down 38. 05% year on year, including 1280 cases with judgments amended, down 27. 23% year on year;

and 446 cases remanded for retrial, down 31.91% year on year. The cases which took legal effect and judgments of which were protested by procuratorial authorities were adjudicated in accordance with law, thereby contributing to the joint efforts in safeguarding judicial justice.

2. Institutional Construction and Implementation

—Correcting in accordance with law miscarriages of justice in criminal Cases. *The Provision of the CCCPC on Conscientiously Preventing Miscarriages of Justice in Criminal Cases* was fully implemented, thereby strictly exercising legal principles and systems including *nulla poena sine lege nulla crimen sine lege*, *in dubio pro reo* and evidentiary adjudication. Miscarriage of justice in 10 important cases including the case of Hugjiltu were corrected in accordance with law, a number of defendants including Nian Bin in certain longstanding doubtful cases were judged as innocent and the case of intentional homicide and rape by Nie Shubin was assigned to the High People's Court of Shandong Province for allopatry review. Efforts were made to explore the models for supervision and guidance on cases with miscarriage of justice and to improve the mechanism for effective prevention and timely correction of cases with miscarriage of justice, thereby staunchly respecting and safeguarding human rights and ensuring that innocent people are not subject to criminal investigation.

—Standardizing the application of ordered retrial and remanded retrial. Efforts were made to standardize the application criteria of ordered retrial and remanded retrial with a view to restricting arbitrariness in ordered retrial and remanded retrial, and to increasing the timeliness and effectiveness of correctional function of retrial. In the year 3811 civil cases involving remanded retrial judgment were concluded, accounting for 12.97% of all concluded civil cases involving retrial in the same year.

—Promoting the transformation and development of Railway Transport Courts nationwide. The applications by 18 high people's courts to designate railway transport courts in their jurisdiction regions to accept "non-railway" cases were examined and approved and these courts were designated to adjudicate cases involving transportation, financing, insurance, execution, commutation, parole and administration. The railway transport courts at two levels launched the campaign of a staff-wide "Grand Drill" using some new types of cases with a view to upgrading their judicial capacity, thereby providing practical support to the new round of reform of China's railway transport courts.

Ⅷ Work of Comprehensive Adjudication

In 2014, the SPC actively implemented the judicial reform plan laid out by the Party Central Committee, optimized the allocation of judicial resources, and strengthened the general guidance on the adjudication work. Significant progress was made on participation in legislation, the work of adjudication committee, judicial interpretation, case guidance, juvenile justice and judicial matters involving Hong Kong, Macao and Taiwan circumstances.

—Participation in legislation. The SPC initiated the research for revision of *the Organic Law of the People's Courts*, participated in the legislation including *Amendment (IX) to the Criminal Law*, *the State Security Law*, *the Counterterrorism Law*, *the Counterespionage Law*, *the Law on Administration of Overseas Non-Governmental Organizations*, *the Law on Legislation*, *the Law on the Prevention and Control of Atmospheric Pollution*, *the Advertising Law*, *the Interim Regulation on Real Estate Registration* and *the Interim Regulation on Enterprise Information Disclosure*, etc. The advice and proposal of the court were fully taken and reflected in the above-mentioned work of legislation.

—The work of adjudication committee. The Adjudication Committee of the SPC convened 93 meetings in 2014, including 37 plenary sessions, 34 meetings by the Committee of Civil and Administrative Jurisdiction, 22 meetings by the Committee of Criminal Jurisdiction. They also reviewed 161 items, including 21 judicial interpretations, 29 guiding cases, 16 normative documents, 88 cases and 7 other items. Currently, the SPC is steadily advancing the reform on the system of adjudication committee in the people's courts.

—The work of judicial interpretation. Efforts were made to improve the procedure for the formulation of judicial interpretation, with 15 judicial interpretations formulated and published, 715 judicial interpretations adopted since 1949 were scrutinized, and the revision work on 132 judicial interpretations and documents with the nature of judicial interpretation was advanced. *The Compilation of Judicial Interpretations of the SPC (1949-2013)* was published. Efforts were also made to finish the work in soliciting opinions and reviewing of the approved programs in judicial legislation in 2014, in reviewing 12 judicial interpretations and in reviewing 5 interim project approvals of judicial interpretations. The work to draft judicial interpretations and normative documents was also enhanced, with *the Interpretations Regarding the Application of the Civil Procedure Law of the People's Republic of China*① approved in principal by the Adjudication Committee of SPC and some comprehensive judicial interpretations including *SPC Rules on the Trial of Civil Cases involving Notary Activities.*

① This judicial interpretation has been published for implementation on February 4th, 2015.

Judicial Interpretations Issued by the SPC in 2014

No.	Document No.	Title of Judicial Interpretation
1	Judicial Interpretation No. 1[2014]	Supreme People's Court Interpretation on Issues Concerning the Application of Laws in the Trial of Mediation and Arbitration Cases of Disputes over Rural Land Contracting Management
2	Judicial Interpretation No. 2[2014]	Supreme People's Court Decision on the Amendment of *Provisions on Issues Concerning the Application of Company Law of the People's Republic of China*
3	Judicial Interpretation No. 3[2014]	Supreme People's Court Interpretation on the Application of Laws in the Trial of Cases of Disputes over Financing Lease Contracts
4	Judicial Interpretation No. 4[2014]	Supreme People's Court Interpretation on the Jurisdiction and the Application of Laws in the Trial of Trademark Cases after the Effectiveness of the Decision on the Amendment to Trademark Law
5	Judicial Interpretation No. 5[2014]	Supreme People's Court Rules on the Trial Procedure of Commutation and Parole Cases
6	Judicial Interpretation No. 6[2014]	Supreme People's Court Rules on the Trial of Civil Cases involving Notary Activities
7	Judicial Interpretation No. 7[2014]	Supreme People's Court Reply on the Application of Compensation Standards for Violations of Personal Freedom when the Compensation Committees of People's Courts Correct, according to Article 30 of *State Compensation Law of the People's Republic of China*, the Original Effective Decisions made by the Compensation Committees
8	Judicial Interpretation No. 8[2014]	Supreme People's Court Interpretation on the Issues Concerning the Application of Laws for the Calculation of Debt Interests During the Delayed Performance in the Execution Procedure

(Cont.)

No.	Document No.	Title of Judicial Interpretation
9	Judicial Interpretation No. 9[2014]	Supreme People's Court Rules on the Issues in Trial of Administrative Cases on Employment Injury Insurance
10	Judicial Interpretation No. 10[2014]	Supreme People's Court Supreme People's Procuratorate Interpretation on the Law Application in the Handling of Criminal Cases of Smuggling
11	Judicial Interpretation No. 11[2014]	Supreme People's Court Interpretation on Issues concerning the Application of Law in the Trial of Civil Cases of the Infringement of Personal Rights and Interests through Information Network
12	Judicial Interpretation No. 12[2014]	Supreme People's Court Rules on the Jurisdiction of Beijing, Shanghai and Guangzhou Intellectual Property Right Court
13	Judicial Interpretation No. 13[2014]	Supreme People's Court Rules on the Enforcement of the Properties Covered by Criminal Judgment
14	Judicial Interpretation No. 14[2014]	Supreme People's Court Supreme People's Procuratorate Interpretation on the Law Application in the Trial of Criminal Cases of Jeopardizing Pharmaceutical Safety
15	Judicial Interpretation No. 15[2014]	Supreme People's Court Reply on Determination of the Beginning Day of Limitation of Action for Exercising the Right of Subrogation by the Insurer of Marine Insurance Contract

—The work of case guidance. The sixth to ninth batch of 22 guiding cases were made public, amounting to the total number of guiding cases made public in previous three years, including 2 criminal guiding cases, 12 civil and execution guiding cases, 8 administrative and state compensation guiding cases. These cases facilitate resolving the legal issues that are commonly existing and need urgently guidance in judicial practices. *The Measures on Awarding Certificate of Selected Guiding Cases of the SPC* was formulated, with 53 medals awarded to recommending courts and 70 certificates awarded to drafting personnel of cases, thereby having further enhanced the motivation of those involving in the draft and recommendation of the guiding cases.

Guiding Cases Published by SPC in 2014

No.	Document No.	Title of Guiding Case
1	Guiding Case No. 23	Case brought by Sun Yinshan against Jiangning Shop of Auchan Supermarket Co. Ltd. concerning disputes over sales contract
2	Guiding Case No. 24	Case brought by Rong Baoying against Wang Yang and Jiangyin Branch of Yongcheng Property Insurance Co. Ltd. concerning disputes over motor vehicle accident liability
3	Guiding Case No. 25	Case brought by Beijing Branch of Huatai Property Insurance Co. Ltd. against Li Zhigui and Zhangjiakou Branch of Hebei Subsidiary Company of Tianan Property Insurance Co. Ltd. concerning disputes over subrogation to claim for compensation
4	Guiding Case No. 26	Case brought by Li Jian against Transportation Department of Guangdong Province concerning transparency of government information
5	Guiding Case No. 27	Case concerning theft and fraud by Zang Jinquan and others
6	Guiding Case No. 28	Case concerning refusal to pay labor remuneration by Hu Kejin

(Cont.)

No.	Document No.	Title of Guiding Case
7	Guiding Case No. 29	Case brought by Tianjin China Youth Travel Agency against Tianjin Guoqing International Travel Agency concerning disputes over arbitrary use of the name of other enterprises
8	Guiding Case No. 30	Case brought by Lan Jianjun and Hangzhou Little Finger Vehicle Maintenance Scientific and Technological Co. Ltd. against Tianjin Little Finger Vehicle Maintenance Services Co. Ltd. concerning disputes over infringement upon trademark and unfair competition
9	Guiding Case No. 31	Case brought by Jiangsu Weilun Shipping Co. Ltd. against Miranda Rose Company concerning disputes over damage by ship collision
10	Guiding Case No. 32	Case concerning dangerous drive by Zhang XX and Jin X
11	Guiding Case No. 33	Case brought by Swiss Cargill International Company against Fujian Jinshi Oil Co. Ltd. concerning disputes over confirmation of contract invalidation
12	Guiding Case No. 34	Case concerning application by Li Xiaoling and Li Pengyu for enforcing review of enforcement against Xiamen Ocean Industrial Co. Ltd. and Xiamen Ocean Industrial Corporation
13	Guiding Case No. 35	Case concerning enforcement review of authorized auction between Guangdong Longzheng Investment & Development Co. Ltd. and Guangdong Jingmao Auction Company
14	Guiding Case No. 36	Case concerning enforcement review of disputes over securities-related rights and interests between Credit Guarantee Co. Ltd. of China Investment Corporation and other companies including Haitong Securities Co. Ltd.

(Cont.)

No.	Document No.	Title of Guiding Case
15	Guiding Case No. 37	Case concerning enforcement review of arbitration ruling between Shanghai Jinwei Machinery Manufacturing Co. Ltd. and Swiss Reatec Co. Ltd.
16	Guiding Case No. 38	Case brought by Tian Yong against Beijing University of Science and Technology concerning its refusal to issue graduation certificate and diploma
17	Guiding Case No. 39	Case brought by He Xiaoqiang against Huazhong University of Science and Technology concerning its refusal to issue degree
18	Guiding Case No. 40	Case brought by Sun Lixing against Bureau of Labor and Personnel of Tianjin New Technology Industrial Park concerning determination of work-related injury
19	Guiding Case No. 41	Case brought by Xuan Yicheng against Bureau of Land and Resources of Quzhou City of Zhejiang Province concerning the withdraw of right to use of state-owned land
20	Guiding Case No. 42	Case concerning application by Zhu Hongwei for arrest of innocent compensation
21	Guiding Case No. 43	Case concerning application by Securities Business Department at Binghai Avenue (Tianfu Hotel) of Haikou of Guotai Junan Securities Co. Ltd. for wrongful enforcement compensation
22	Guiding Case No. 44	Case concerning application by Pu Xinguang for criminal violation recovery compensation

—The work on replies to requests made by lower courts for instruction in law application. 21 replies were handled with a view to offering a guiding role to the lower courts, including replies to *Request for Instruction Concerning Whether Legal Professionals at Primary Levels Could Act on Civil and Administrative Cases of*

Jurisdiction away from Neither Party by the High People's Court of Fujian Province, and to *Request for Instruction Concerning What Criteria to Use in Settling Counts for Construction Project Contracts Nullified for Violating Laws on Bidding and Tendering and How to Initiate the Procedure for Retrial Cases Already Reviewed in the Same Court* by the High People's Court of Sichuan Province.

—The work of juvenile justice. In 2014, the juvenile division of the people's courts all across the country convicted 50 415 minor criminals, down 9. 68% year on year, accounting for 4. 26% of all criminals, down 0. 56 percentage points year on year. The Symposium on Thirty Years of Juvenile Divisions and the Third Forum on Adjudication of Juveniles Justice were convened with a view to coordinating the work of juvenile divisions and pushing forward their rapid development. The reform on the comprehensive adjudication of cases involving minors and their family matters was launched with a view to establishing the working structure of "Broader Coverage of Juvenile Divisions", i. e. to put all minor-related cases into the jurisdiction of juvenile divisions. *The Opinions on Legally Handling Several Issues on the Infringement of Guardian upon the Rights and Interests of Minors* was promulgated with a view to depriving in accordance with law of the guardianship from the parents or other guardians, who imposed acts including sexual assault, violence, abuse, desertion upon minors, and to strengthening special judicial protection of minors. *The Implementation Opinions on Sealing up Criminal Records of Minors* and *the Implementation Opinions on Social Investigation Activities Involving Juvenile Criminal Cases* were drafted with a view to promoting the implementation of relevant provisions on special procedures for minors in *Criminal Procedure Law*. Efforts were made to intensify researches on the theory of juvenile jurisdiction and special workshops were convened on the reform of juvenile jurisdiction and the prevention mechanism of juvenile crimes with a view to earnestly resolving the difficulties existing in the work of juvenile jurisdiction. *The Report on Data Collection and Analysis of Juvenile Criminal Cases Adjudicated by People's Courts in Previous Five Years (2009-2013)*, *the Report on Reform of Comprehensive Adjudication of Cases Involving Minors and Their Family Matters* and *the Report on the Work of the Bases of Juvenile Assistance and Education* were drafted with a view to further strengthening the guidance on the work of juvenile divisions.

—The work of judicial matters involving Hong Kong, Macau and Taiwan. 12 863 judicial assistance cases were handled, up 16.19% year on year, involving Hong Kong, Macau and Taiwan including the serve of legal documents, investigation and evidence collection, judgment confirmation and transfer of convicted objects. These cases included 10 678 cases involving Taiwan, up 14.46% year on year; 2115 cases involving Hong Kong, up 26.04% year on year; 70 cases involving Macao, up 9.38% year on year. For the first time since Hong Kong's return to China, the courts of Hong Kong Special Administrative Region were requested by some mainland courts to assist in investigation and evidence collection for some civil cases and 3 such requests were accepted. Also for the first time, family dependants of the deceased Taiwan victim succeeded in receiving compensation through the mechanism of cross-Strait mutual judicial assistance, and mainland residents Mr. Chen XX and Chen X received respectively compensation of NTD 673 447, about RMB 138 580, and NTD 498 623, about RMB 102 605.

The SPC convened special press conference and, for the first time, briefed 80 cross-Strait journalists, mostly from Hong Kong, Macau and Taiwan, about the implementation in the mainland courts of *the Agreement on Cross-Strait Mutual Judicial Assistance* after its entry into force, and announced 15 guiding cases involving mutual judicial assistance handled by the people's courts in mainland.

—The work on cross-Strait judicial communication. In March 2014, Mr. Xiao Yang, former President of the SPC, under the title of Honorary Chairman of China Judges Association, led the "Delegation for Cross-Strait Exchange of Experiences on Judicial Reform" to visit Taiwan region and to exchange relevant experiences; and, in October 2014, Mr. Weng Yuesheng, former "President" of "Judicial Yuan" of Taiwan region, visited mainland upon invitation by China Judges Association. Such visits opened doors for the first two visits between the former president of SPC and the former principal of judicial authorities of Taiwan.

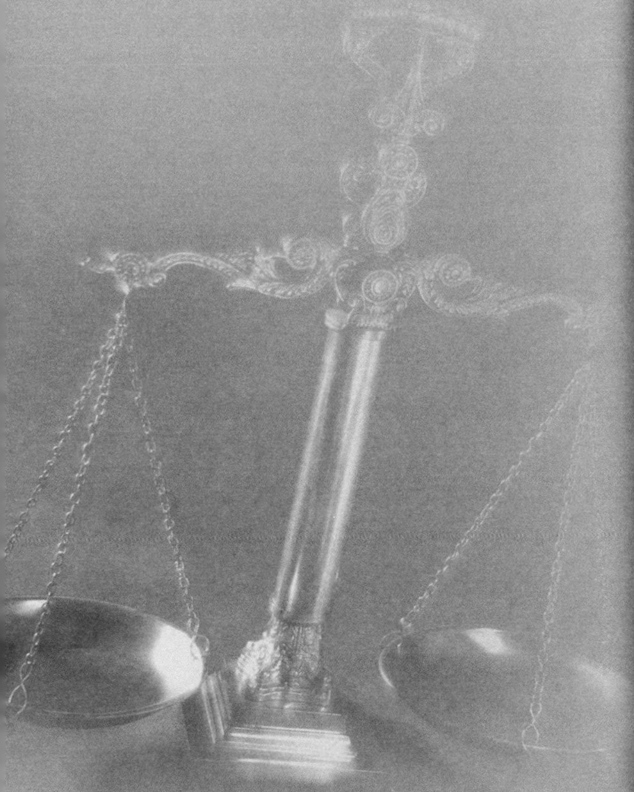

Management Innovation

I Work of Adjudication Management

In 2014, the people's courts pushed forward the reform of judicial management, prioritizing the improvement of judicial management system and mechanism, the enhancement of the management and control of judicial procedures, the implementation of evaluation and examination measures and the promotion of judicial transparency.

—Planning the working approaches of adjudication management of the people's courts under the new situation. *The Several Opinions on Further Strengthening the Administration of Adjudication by the People's Courts* was issued with a view to defining the development approaches and working tasks of adjudication management under the new situation, and to arranging priorities for further reform of adjudication management.

—Advancing the online issuance of judgments. The Judicial Opinions of China was established to singularize the outlet for issuance of effective judgments by the people's courts at all levels. By the end of 2014, the people's courts nationwide uploaded 5 691 450 judgments on the Website of China Judgments, including 7595 judgments of the SPC and 5 683 855 by local courts at various levels. The SPC launched evaluation and examination on the quality of judgments uploaded and required all high people's courts to cross-examine the judgments uploaded.

Types of Judgments Uploaded on the Internet in 2014

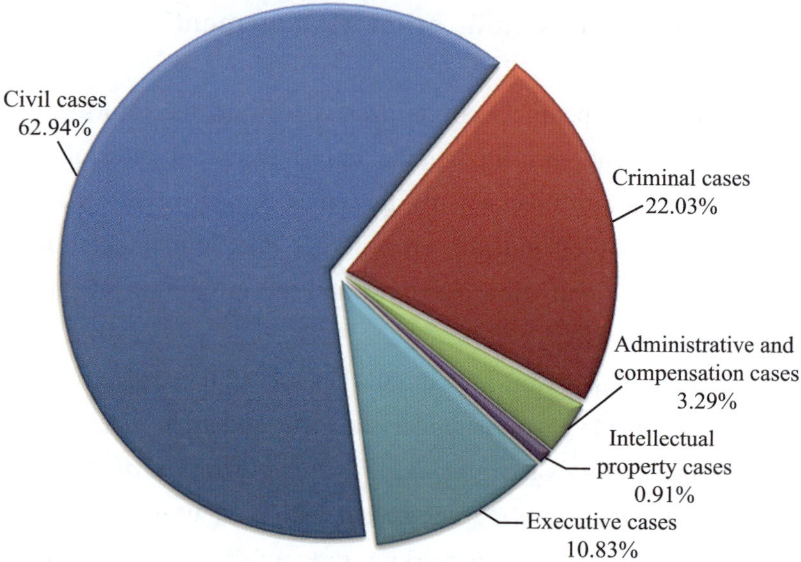

The General Situation of Online Issuance of Judgments of Courts at All Levels in 2014

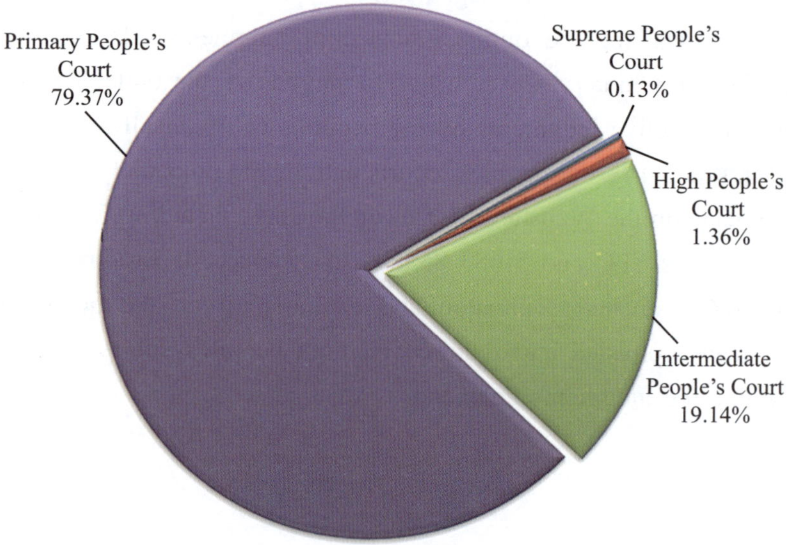

—Advancing the transparency of case-flow management. The website of Information Transparency of China Adjudication Procedures was established, via which the parties of the cases and their legal representatives could inquire about adjudication procedures and some substantial materials. Unified public platforms for transparency of information regarding adjudication procedures were established in 21 provinces, regions and municipalities, and inter-linkage among those platforms were established on the Website of Information Transparency of China Adjudication Procedures. The people's courts at all levels of the country pushed forward the transparency of adjudication procedures and upgraded the standardization, information application and scientific level of such procedures.

—Reviewing long-pending criminal cases involving detained criminals and other long-pending litigations. The SPC exercised remote video supervision on long-pending criminal cases involving detained criminals in priority regions and achieved significant progress in relevant work. Efforts were made to advance continuous implementation of the working mechanism for notification and supervision of long-pending litigation cases to notify quarterly by the courts nationwide pending cases and to supervise review of those cases, with priority cases supervised through remote video conferences. In 2014, 2419 litigation cases pending for three years or more were settled by courts nationwide and, up to the year end, the number of pending cases had decreased by 89.94% as compared to 2011.

II Work of Staff Management

In 2014, the people's courts, with the objective for a staff possessing a sense of discipline, expertise and professionalism, pushed forward the reform on personnel management, so as to build up a staff of the courts with firm belief, law enforcement for the people, courage to shoulder responsibility, and honest and upright character, to provide solid political guarantee for better implementation of the adjudication function of the people's courts.

—Promoting ideological and political education. The SPC convened workshops prioritizing presidents of high and intermediate courts, secretaries of Party organizations of the people's courts at primary level, officials at the level of director or director-general in the SPC, and the people's courts at all levels also organized activities including special education, focused training and seminars for exchange of views, to seriously study and put into practice the spirits of the 18th National Congress of the CPC, the Third and Fourth Plenary Sessions of the 18th CPC Central Committee and the series of important speeches by General Secretary Xi Jinping. The National Working Conference on Ideological and Political Education of Courts was convened, which issued *the Opinions on Further Strengthening Ideological and Political Education of People's Courts*. The special education campaign titled "Enhancing party spirits, honoring disciplines and performing duties honestly" with a view to raising awareness of discipline and rules of officials. Efforts were also intensified for education on socialist core values and 50 courts were selected as the model on cultural development. The people's courts all over the country also launched activities of oath-taking by judges.

—Accomplishing the education and practicing activities on the Party's mass line. The first batch of the people's courts initiating such activities conscientiously implemented rectification measure, fully accomplished rectification tasks and consolidated and expanded relevant achievements. The second batch of intermediate and primary people's courts earnestly launched the same activities and smoothly accomplished tasks on various aspects. The SPC and high people's courts strengthened guidance on lower courts through various means, including issuing guiding documents, establishing focus points, convening enforcement conferences and launching investigations and examinations. Focal points including the one in the People's Court of Fu County of Shaanxi Province did a good job in serving the model role. According to the arrangement of Party's Central Committee, efforts were made to advance special rectification measures and the "Four Undesirable Working Styles", i. e. formalism, bureaucracy, hedonism and extravagance, were effectively contained. The undesirable working styles reflected in the work of the people's courts, i. e. "Six difficulties and three types of cases", ① was also rectified throughout the whole system, thereby having upgraded the quality of litigation services and adjudication work.

—Making more efforts for stricter management of personnel. Courts all over the country seriously studied and implemented *the Working Regulation on Selection and Appointment of Leading Cadres of Party and Government* and actively pushed forward the reform on selection and appointment mechanism of cadres. The SPC strengthened standardized management of institutional establishment with a view to achieving the normalization of the work on selection and appointment of cadres. The leading management groups of the courts at all levels were replenished, and proactive guidance on leading management groups of courts at lower levels was strengthened through various means, including sending representatives to partici-

---

① "Six difficulties and three types of cases" means difficult accessibility, difficult attitude, difficult accomplishment, difficult filing, difficult litigation and difficult execution; cases related to nepotism, favorism and bribery influenced by guanxi, personal favors or money.

pate in the democratic education meetings and requiring quarterly reports on the situation regarding the construction of leading management groups. Various efforts were made to strictly manage and supervise the cadres, including through confessional conversations and abstention in taking posts, and special rectification measures were also implemented on illegal taking of part-time jobs, fabricating personnel files and "naked officials", i. e. officials staying in China while their family members reside aboard, as well as selective examination on reports of personal matters. The mechanism for whole-process record of cadre selection and appointment and the mechanism for retroactive examination of responsibilities were established with a view to firmly suppressing malpractices in cadre selection and appointment.

—Improving the staff quality and capacity. Great efforts were made to enhance talent building of the courts. The SPC launched public recruitment for high-level trial talents and selection for 62 national professional adjudication experts and some high people's courts selected provincial experts of professional adjudication. The development of software for judicial talent pool basically finished, with 417 talents already registered in the pool. Various reforms also achieved positive progress, including classified management of courts personnel, hierarchy of judges and unified management of courts personnel at provincial and lower levels. The work transfer for 5141 clerks under employment contracts in the courts of the country was smoothly accomplished. Great efforts were also made to advance the work on internal transfer and shift as well as field training via temporary posts with a view to guiding officials to chasten at multiple posts to enhance their abilities. The "Double Thousand Program"[①] for exchange of legal talents between court judges and academic experts was further promoted, with the second batch of talent exchange accomplished, and the Cooperation Programme "Doctor of Law with Practical Experiences" continued to be implemented.

—Propagandizing and commending outstanding performance. The campaign titled "Who is the Best Judge at Primary Levels" was launched, with 10 "Best Judges at Primary Levels" selected by the Propaganda Department of the Party Central Committee as "The Most Beautiful Figure", and some high people's courts commended their local "Best Judges". Four judges-Huang Zhili, Jiang Shuangju, Yan Shengyi, Ebulielin Abliz-were nominated by Organization Department and Propaganda Department of the Party Central Committee as "Best Cadres at Primary Levels", Sun Bo was awarded the title-"Model of the Time"-by the Propaganda Department of the Party Central Committee, Guo Xingli and the adjudication team for the "Special Case of January 10th" were nominated as "Personage of the Year 2014 for Rule of Law". Some outstanding courts and judges of the country and some exemplary figures of case adjudication were also selected and commended, with some outstanding units including Intermediate People's Court of Shantou City of Guangdong Province, and outstanding figures including Shi Yubo,

---

① The "Double Thousand Program" means the program which the Ministry of Education, the Politics and Law Committee under the CPC Central Committee, the Supreme People's Court, the Supreme People's Procuratorate, Ministry of Public Security and Ministry of Justice jointly decided that from 2013 - 2017, they would select approximately 1000 experts from practical legal organs with high theoretical capacity and abundant practical experience to teach professional legal courses parttime or temporarily in law schools of universities; select approximately 1000 law school mainstay faculties from universities to participate in practical legal works part-time or temparily in practical legal organs.

Zheng Xiaohong, receiving special commendation. The SPC and some of the high people's courts also offered rehabilitation opportunities for model staff with a view to assisting in the development of a positive orientation to care for the model staff and to commend the outstanding figures.

—Strengthening the work on staff building for the courts at primary levels. The working mechanism to prioritize the work of the courts at primary levels and to consolidate staff building at primary levels was established and then improved, with emphasis tilted towards the primary-level courts and front-line adjudication teams for personnel, education and training. A new round of whole-staff training in rotation for judges at primary levels was almost finished and the judicial capabilities of front-line officials at primary levels upgraded. *The Several Opinions on Further Strengthening the Work of the People's Tribunals under the New Situation* was conscientiously implemented and the staff building of the people's courts further enhanced. The "Special Fund for Training Program of Bilingual Judges" continued to be implemented, with training workshops for bilingual judges from ethnic minorities including Tibetan, Mongolian, Uighur, Kazakh and Korean. The work on targeted recruitment of judicial, procuratorial and public security officials was promoted and the special policy of judicial examination was improved with a view to retaining judges of the courts at primary levels in middle and western areas. Some arrangement was made to launch a new round for support to Xinjiang, and the support to Tibet and Qinghai was also furthered sturdily.

—Raising the level of management of judicial police contingent. The mechanism to analyze the annual data on the work of judicial police was established. The management and use of officially used firearms and the work for the execution of death penalty were regulated. The standardization of the law enforcement by judicial police was greatly promoted. A mechanism was established to connect the assessment and award of ranking with the training of physical fitness of judicial police. Training materials in relation to judicial police were compiled and a series of trainings were conducted with the aim to training the personnel managing ranking and senior judicial officer. High people's courts across the country conducted the second-grade training in a pragmatic fashion. The capability and quality of judicial police contingent were obviously enhanced.

Ⅲ Work of Good Party Conduct and Clean Courts Supervision

In 2014, the people's courts implemented in earnest the tasks instructed by the Third and Fourth Plenary Session of the 18th Central Commission for Discipline Inspection of the CPC and actively pushed forward the work of party conduct, clean courts supervision and anti-corruption to harvest new progress.

—Promoting the "Two Responsibilities", i. e. the principal responsibility of the Party Committee and the supervision responsibility of the Discipline Inspection Committee of the Party. *The Implementation Opinions by the Party Leading Group of the SPC on Implementing the Principal Responsibility for Good Party Conduct and Clean Courts Supervision* and *the Implementation Opinions on Implementing the Supervision Responsibility for Good Party Conduct and Clean Courts Supervision by the Discipline Inspection and Supervision Authorities of People's Courts* were issued, detailing respectively specific measures to implement the principal responsibility by the Party leading group and the supervision responsibility by the discipline inspection and supervision organs for good party conduct and clean courts supervision. The Implementation Conference on Principal Responsibility for Good Party Conduct and Clean Courts

Supervision was convened to set up the mechanism of responsibility implementation titled "Each management level shall supervise the lower level while each level shall focus on its own implementation" in the SPC. Efforts were made to explore the set-up of a mechanism to pursue responsibilities for good party conduct and clean courts supervision, to push courts at all levels of the country to conduct "double investigation for one case" on 33 cases involving the violation of laws and Party's disciplines by officials and seriously investigated the responsibilities of 73 leading cadres of the courts who bore responsibility of leadership and supervision.

—Strengthening education on strict adherence to discipline and clean judicature. Special education activities titled "Enhancement of Party spirits, observation of disciplines and conduct of clean governance" were launched in the SPC with a view to educating officials to clearly recognize the serious damages caused by Zhou Yongkang and Bo Xilai in trampling the law, undermining the Party unity and conducting non-organizational political activities, thereby thoroughly eliminating the baneful influence on the work of courts from the serious violation of law and Party disciplines by Zhou Yongkang and guiding officials to take a firm and clear stand on major issues of principle. The organization of special education activities on clean judicature for courts all over the country and the issuance of *the Compilation of Exemplary Cases of Education and Caution of People's Courts (V)* initiated a campaign of frequent education of clean judicature among courts at all levels. The courts nationwide organized their leading cadres to report for 42 181 times on both management and clean judicature, to reply to inquiries for 3929 times and to hold conversations of admonishment and persuasion for 2696 times, thereby contributing to assist officials in building ethic strongholds against corrosive influence.

—Strengthening the construction of judicial working style. The

SPC issued *the Guiding Opinions on Further Strengthening Discipline and Style Construction of the People's Courts under the New Situation* with a view to guiding courts nationwide to consistently implement the spirits of "the Eight Rules" of the Party's Central Committee and unceasingly improve the judicial working style. The courts nationwide carried out routine inspection for 48 809 times and special inspection for 9629 times with a view to investigating both openly and privately on violations of the spirits of "the Eight Rules", and redressed on the spot 1206 person-times of acts violating disciplines, with 177 people subject to Party and administrative sanctions, 19 people subject to other sanctions and 20 exemplary cases of violation made public to the society. The courts at all levels were organized to scrutinize the 86 training centers they built and rectify related problems. Rectification campaign was also launched on judicial officers taking part-time jobs in administrative and industrial organizations and 31 people quitted such jobs.

—Improving supervision on the exercise of judicial powers. The SPC carried out a new round of judicial inspection to 6 high people's courts in Henan, Ningxia, Anhui, Fujian, Liaoning and Gansu and dealt in accordance with relevant regulations with problems discovered through the inspections. Nationwide the high and intermediate people's courts also conducted judicial inspections to 1033 people's courts at lower levels. The SPC convened conferences to listen to reports by and exchange experiences among inspectors for clean judicator with a view to pushing the inspectors for clean judicator to faithfully deliver their duties for daily education and inspection at the frontline of case adjudication. 911 full-time inspectors for clean judicator were assigned to courts in 21 provinces, regions and municipalities including Jilin, Hebei and Jiangxi. The SPC issued *the Several Provisions on People's Courts' Voluntary Acceptance of Parties' Supervision in Their Trial Enforcement Activ-*

ities with a view to pushing courts at all levels to establish various mechanisms including the issuance of clean judicator supervision cards to parties of each case and to make visits for feedback on clean judicator of concluded cases.

—Making greater efforts to investigate cases involving violations of Party disciplines and regulations. The courts at four levels were all pushed to establish websites for tip-off reports with a view to achieving interlinked operation of those websites and real-time supervision, and to handling timely tip-off clues. The central website for tip-off acceptance of the SPC accepted 25 330 tip-off reports in paper, via telephone and internet, and supervised the follow-up of 125 tip-off reports with important clues. Bearing a "zero tolerance" attitude to punish judicial corruption, the courts nationwide launched investigations on cases involving violation of Party disciplines and laws by 2180 judicial officers and concluded cases of investigation on 1937 judicial officers, up 154.3% and 172.8% respectively. Up to the end of 2014, cases involving 180 judicial officers were transferred to judicial authorities and 1733 judicial officers were subject to Party and administrative sanctions, up 14.6% and 164.2% respectively.

Ⅳ Work of Judicial Administration

In 2014, the people's courts actively pushed forward the reform on judicial support mechanism and intensified efforts on support services with a view to giving full play to the functions of support, service and management for judicature.

—Promoting the reform on the unified property management mechanism of courts at provincial and lower levels. In-depth researches and extensive debates were carried out, based on which a full and comprehensive proposal on the reform was tabled and reported with a view to providing basic materials to the Party Central Committee on the formulation of reform blueprint for unified property management mechanism. Efforts were also made to enhance guidance on pilot reform programmes for unified property management mechanism of courts at provincial and lower levels and ensured the orderly implementation of such programmes.

—Improving the support management system. The departmental budget was prepared in earnest and more efforts were made on budget execution so as to raise budget performance. Coordination was enhanced with relevant authorities to continue the implementation of the central government's system of special transfer payment. The "Eight Rules" of the Party Central Committee were strictly followed and the "Three Public Expenses" of the SPC on official vehicles, official overseas travels and official receptions were made public to the society according to relevant requirements. Efforts were made to revise and improve various management mechanisms. The work on cost accounting of case handling fund was launched with a view to enhancing a full analysis of data collection on case handling fund and the application of its results. Greater efforts were made on the transfer of case handling fund from central government to courts in middle and western areas and to courts at primary levels. In 2014 RMB 9. 936 billion of case handling fund was transferred from central government to local courts. The central government and local courts provided RMB 0. 865 billion of expenditure fund and project fund to courts in Xinjiang, Tibet and Qinghai, thereby contributing to the construction of local courts in ethnic minority areas.

—Pushing forward the infrastructure construction. The administration of operational infrastructure construction projects of people's courts was enhanced with a view to further optimizing and regulating the set-up of people's tribunals and expediting the pace of infrastructure construction projects under the Twelfth Five-Year

Plan. In 2014, 566 construction projects of adjudication tribunals and people's tribunals were arranged with investment of RMB 3.18 billion.

—Enhancing the provision of standard equipment. The technical criteria for the provision of 4 categories of 13 types of equipment including gavel and security inspection equipment, and the criteria for the installation of inside facilities in circuit trial vehicles and execution work vehicles were formulated, and the promotion conference on the criteria of internal facilities of judicial public tribunals was convened, with a view to improving the system for the criteria on provision as well as technical specifications for the equipment of people's courts. The management of police vehicles, firearms and ammunition, security devices and equipment was enhanced. The management of police vehicles was modernized by installing GPS on these vehicles.

—Providing good service of technological support. 370 thousand cases commissioned to conduct authentication, auditing, evaluation and auction were handled. *The Notice on Issues Concerning the Implementation of "the Standards for Authentication on the Extent of Bodily Injuries"* was issued with a view to regulating relevant issues for authentication on the extent of bodily injuries.

V Work of Information Technology Application

In 2014, the people's courts applied the concept of internet-driven thinking to push forward information technology application with a view to providing solid safeguard for an "open, dynamic, transparent and convenient" judicial system under the sunshine.

—Expanding the application of new media. On 31st December 2014, the revised SPC website was put online with various functions including information transparence, public participation, online service, litigation guidance and data inquiry. The courts at all levels fully used the advantages of new media on instant interaction and real-time participation to expand and improve the channels and efforts for public participation and to extensively solicit public opinions. By the end of 2014, the number of fans of the official micro-blog of SPC surpassed 20 million and 3250 courts of the country opened official micro-blogs, thereby forming a micro-blog network consisting of "national teams plus local teams". On April 21st, the revised official WeChat of the SPC was put online and, by the end of 2014, its subscribers reached 104 thousand people.

—Upgrading the scientific and technological level of judicial work. The people's courts at all levels pushed forward the use of APP for online work and online case handling with a view to providing intelligent services for judges to handle daily work and to handle cases. The command system of execution was opened with a view to applying unified management on execution cases by courts all over the country and to providing statistical support for related work including information transparency, examination of execution and credit discipline. The construction of information system of petition letters and visits was also advanced, and the online platform for petition letters and visits and the system for remote video acceptance of petitions were opened, which effectively alleviated the difficulties in litigation-related petition letters and visits. The people's courts at all levels used up-to-date technologies in installing their tribunals and established over 17 000 divisions equipped with installation of new technologies, which were used to handle remote acceptance and adjudication. Technological instruments including multi-media evidence presentation, trace cross-examination and adjudication transcript were applied to strengthen trial processes including proof in adjudication, cross-examination and attestation.

—Establishing centralized statistics management platform. The

SPC applied information instruments to realize for the first time the collection, management, analysis and service of case information from the courts all over the country. 94.7% of the courts nationwide were able to provide real-time statistics, with statistics concerning 47 million cases from all courts of the country in the past four years and 18.5 million judgments already collected and statistics concerning 40 to 50 thousand cases added on a daily basis.

Ⅵ Work of Accepting Supervision

In 2014, the people's courts approved the working mechanism of supervision acceptance and, in accordance with law, accepted in earnest supervision from the people's congresses, democratic supervision from the People's Political Consultative Conference (CPPCC), democratic parties, association of industry and commerce and nonparty personage, litigation supervision by procuratorial authorities, as well as supervision from all social sectors with a view to enhancing just and clean judicator.

—Enhancing the liaison with deputies and members. The working mechanism was established to set up one-to-one liaison, with 125 times and 30 activities, between SPC leading group members and those deputies of the NPC residing in Beijing. *The Notice on Further Strengthening One-to-One Liaison Work with Deputies* was issued to implement the work of one-to-one liaison with NPC deputies, thereby realizing the full implementation of one-to-one liaison between the courts all over the country and all NPC deputies. The fifth special inspection activity titled "Into the courts, beside the judges" by NPC deputies was organized, and 68 NPC deputies from 34 NPC Delegations respectively inspected the courts at all three levels in various provinces including Guangdong, Shanxi, Jilin, Jiangsu and Anhui.

—Handling seriously propositions by NPC deputies and proposals by CPPCC members. Various measures were carried out to expedite the handling of propositions and proposals, including the tightening of case handling procedures, the improvement of approval procedures, the establishment of working records, the strengthening of follow-up and supervision, the enhancement of meetings and communications with deputies and members and the selection activities for outstanding work to handle propositions and proposals. In the year replies to 215 propositions by NPC deputies and 86 proposals by CPPCC members were handled, with copies sent to the Selection Liaison Committee of the people's congresses in the provinces where related deputies reside.

—Improving the liaison mechanism with central committees of various democratic parties and the All-China Federation of Industry and Commerce (ACFIC). The major SPC leading group members respectively visited the central committees of China Democratic League, Jiusan Society, China Zhigong Party and China Association for Promoting Democracy to proactively share information about their work and earnestly seek opinions and suggestions. The liaison and communication mechanism between the SPC and the Central Committee of the Revolutionary Committee of the Chinese Kuomintang was developed. A symposium was organized jointly with ACFIC with the title of "Legal Issues on Strengthening Equal Protection of Non-Public Economy in Judicial Adjudication". The SPC participated in a special research led by the Central Committee of China Zhigong Party under the title "Innovating the Social Governance System and Promoting National Governance Modernization". The SPC assisted the Central Committee of China Democratic National Construction Association to carry out special research on the revision of *Administrative Procedure Law* and judicial reform. The SPC also assisted in the special researches by the Research Team on Strengthening Judicial System Reform of the Central Committee of the Revolutionary Committee of the Chinese Kuomintang. In the year, over 100 person-times from democratic parties, the ACFIC and non-party personages participated in various activities organized of the SPC.

—Accepting in accordance with law litigation supervision by procuratorial authorities. The SPC supported the procuratorial authorities to fully deliver its supervision function, notified to the Supreme People's Procuratorate cases involving review of death sentences and adjudicated in accordance with law cases involving effective judgments protested by procuratorial authorities with a view to taking seriously suggestions by procuratorial authorities, correcting timely problems existing in the work and jointly protecting judicial justice.

—Strengthening the work of specially invited supervisors and specially invited advisers. The SPC convened the second conference on appointment of specially invited supervisors and accomplished the second batch of appointment of 58 specially invited advisers. 81 different activities were organized, including invited inspections, informal discussions, researches, evaluations, opinions-soliciting, adjudication observation and direct visits, for 289 specially invited supervisors and 86 specially invited advisors.

—Advancing information technology application in the work of supervision. The online communication platform and mobile information platform for deputies and members were set up, the WeChat group of deputies was formed and the micro-blog of courts, email box of the Chief Justice and presidents, and the public opinion communication mailbox were opened with a view to enhancing liaison and communication with deputies, members and various social sectors. In 2014, 166 suggestions received by the "Mailbox of the Chief Justice" from netizens were handled and 129 executed with replies sent to each of the netizens; in total 774 pieces of information were uploaded onto the communication platforms, including 100 work communications, 185 liaison work news, 189 NPC deputy propositions and replies, 80 CPPCC proposals and replies, 92 reports about model deputies and 128 notifications of major cases.

Ⅶ Work of Publicy

In 2014, the people's courts proactively adapted to the integration of various media and utilized media outlets of all kinds at all levels to implement the work of outreach and communication, fully showcase the new accomplishment of the people's judicial course and conscientiously respond to the concerns of the general public.

—Demonstrating the open and transparent image of judicial work. The SPC gave full play to the advantages of omnimedia communication by fully using the communication strategy in omnimedia time and integrating its own media communication instruments including *People's Court Daily*, *People's Judicature*, the SPC Studio and the China Website of Courts. The exchange of judicial information and interaction with various social sectors was enhanced with a view to timely responding to social concerns on judicial problems, proactively accepting supervision by media and effectively collecting opinions and suggestions for work improvement.

—Upgrading the working level of press release by people's courts. By fully using the opportunity of the 5-year anniversary of the implementation of press conference mechanism of people's courts, the SPC made great efforts to comprehensively upgrade the working level of press release in courts of the country. Information about 3281 spokespersons of 2995 courts all over the country were disclosed to the society to fully advancing the press conference mechanism of people's courts and the construction of the spokesperson team. For the first time cartoon works were used to publicize *the Opinions on Further Implementing the Work on Convenience for the General Public* as an innovative means of press release. In the year 19 press conferences were organized to disclose judicial working information of the people's courts.

—Innovating publicity formats and vehicles. The SPC cooperated with Baidu Incorporation to develop "Baidu Map of China Courts", which included information of 3496 courts, with a view to creating a new platform to provide judicial convenience to people fully benefiting from mobile internet technology. The first three-dimensional picture album titled *Equality and Justice—People's Courts · 2013* was published to demonstrate major measures implemented by the people's courts in 2013 with handmade paper folding and news cartoons. A series of four comic books for legal education titled *the Law Always with You*, i. e. *Legal Protection of Minors*, *No Trifles in Marriage*, *Healing Both External Wounds and Internal Woes* and *Legal Assistance on House Demolition*, were published with a view to disseminating judicial information in a easily acceptable and communicable manner for the general public.

—Handling earnestly the media outreach on major cases of concern to the society. For major cases of serious concern to the society, such as the case of March 1st in Kunming, the case involving organized gangster-related crime of 36 people including Liu Han and Liu Wei, the case involving Liu Tienan, the case involving Zhang Shuguang, the case involving defamation by "Influential Microbloggers" under the network name of "Qin Huohuo", the case involving Hugjiltu and the case involving Nian Bin, the adjudicating courts further enhanced the transparency on how they handle those cases, by timely communicating with media and facilitating news reports on important events such as court-opening sessions and pronouncement of judgments, with a view to effectively responding to public concern.

—Using new media to announce authoritative information. Official micro-blogs, WeChat and news APP were used to timely announce important working information of the courts with a view to creating new platforms for announcement of authoritative information. Based on the demands of information recipients, some special news columns titled "Where Does the Time of Judges Go?" and "Witness the Execution of Judgments via Micro-Blogs" were opened with a view to bringing the work of courts closer to the general public and their expectations.

—Demonstrating an open image of the people's courts. A variety of activities were organized to fully demonstrate the image of the people's courts that they are open and sensitive to people's needs. Before summer break of middle and primary schools in 2014, nearly 500 courts in 25 provinces, regions and municipalities organized a variety of special outreach activities under the them of "The Law is Always with You—Bringing the Law into Campus", including visits to courts, observing case adjudication, attending legal courses by judges, with a view to providing legal education to minors. On the first National Day of Constitution, the SPC held a public open day on December 4th 2014 and invited over 70 NPC deputies and representatives from various social sectors to observe the oath-taking ceremony of the SPC judges in front of *the Constitution of the People's Republic of China*.

Ⅷ Work of International Exchanges

In 2014, the people's courts closely followed the development of international and domestic situation, strengthened judicial exchanges and cooperation, regulated the work of foreign affairs, and improved the work system, thereby contributing to the steady and orderly development of the people's court's work on foreign affairs.

—Promoting multilateral judicial exchanges and cooperation. The China-ASEAN Chief Justices Forum was held with in-depth discussion around the theme of "Judicial Cooperation and Development of China-ASEAN FTA", and achieved in delivering the document *Nanning Declaration*, which thereby upgraded China-ASEAN judicial cooperation and exchange to a new level and provided judicial support for the common development of China and ASEAN under the FTA. President of the SPC Zhou Qiang led a delegation to attend the 9th Meeting of President of National Supreme Courts from Member Countries of Shanghai Cooperation Organization and signed *the Joint Declaration of the 9th Meeting of President of National Supreme Courts from Member Countries of Shanghai Cooperation Organization*, hence playing an important role in safeguarding regional peace and stability and promoting the economic and social development of the member countries of this organization. Deputy President Jiang Bixin led a delegation to attend the Council Meeting of the International Association of Supreme Administrative Courts and China was elected as the member of the Management Committee of the Association, which demonstrated the efforts of China in playing a leading role in international legal organizations.

—Conducting high-level judicial exchanges. In 2014 President Zhou Qiang accepted invitations to pay friendly visits to Turkey and France with a view to promoting multilateral and bilateral judicial exchanges and demonstrating the positive image of China on rule of law. Executive Deputy President Shen Deyong led a delegation to pay official friendly visits to Indonesia, Malaysia and Sri Lanka with a view to strengthening practical cooperation between judiciary circles of China and other countries along the "One Belt and One Road", i. e. the Silk Road Economic Belt and the 21st Century Maritime Silk Road.

—Promoting steadily the work of judicial exchanges. The SPC sent 49 temporary official overseas missions with 179 delegates, received 8 foreign judicial delegations invited for official visits with 47 delegates, and 60 foreign delegations with 480 delegates for temporary visits to the SPC. 9 working delegations and special inspection delegations with 43 delegates were sent aboard through international cooperation projects, 6 delegations of foreign judges with 36 delegates were received and 14 international and domestic seminars and workshops were held with approximately 2000 participants. The actual use of foreign fund amounted to over RMB 9 million.

—Exercising the adjudication function of international judicial assistance. A variety of cases were handled, including serving 3151 judicial documents of civil cases, 2082 acknowledgements of serve, 40 involving civil cases investigations and evidence-taking, 15 involving confirmation and execution of civil judgments by foreign courts, 23 involving requests for criminal judicial assistance, 5 involving transfers, 4 involving transmission of requests for extradition, 124 negotiations on cases related to foreign elements and inquiries on legal opinions related to foreign elements. 11 bilateral treaties on criminal judicial assistance, treaties on extradition and treaties on transfer of sentenced persons were negotiated, 19 texts of treaties on bilateral judicial assistance and Consular treaties were reviewed, negotiation procedures for 10 treaties on bilateral judicial assistance were initiated and 6014 cases involving international judicial assistance were handled. All this further demonstrated the positive image of China in the international judicial community.

—Carrying out the management work on foreign affairs of local courts. 82 applications from courts nationwide for overseas special exchanges and training delegations with 779 delegates were examined and approved. Coordination and guidance on the reception of 23 foreign judicial delegations were provided. The SPC strengthened the focused and unified management and coordination on foreign affairs of courts nationwide, achieving new progress on the international exchange of local courts.

Reform and Development

I Work of Research and Investigation

In 2014, the SPC strengthened research and investigation to provide theoretical support for judicial reform, adjudication and execution and judicial decisions.

—Drafting the opinions and suggestions on the strategy of comprehensively advancing the rule of law. A number of documents including *the Opinions and Suggestions on the Strategy of Comprehensively Advancing the Rule of Law* (*I*), (*II*) were drafted, which fully reflected the opinions and suggestions of the people's courts on the strategy of comprehensively advancing the rule of law and provided advice to the research on the strategy of rule of law instructed by the Fourth Plenary Session of the 18th CPC Central Committee.

—Improving the working mechanism of research and investigation. *The Provisions on Strengthening Research and Investigation by Leading Group Members of People's Courts* was issued, putting forward various mechanisms on focused monthly research and investigation by leading group members, ceiling of time on research and investigation, focal points of research and investigation at primary levels, draft of reports on research and investigation, translation of the results of research and investigation as well as integration of specific highlights into annual working reports on the work of research and investigation. This tabled a set of comprehensive provisions on the work of research and investigation by leading group members of people's courts, encouraging them to make more efforts on research and investigation and to provide new thoughts on how to advance judicial justice.

—Launching an internal journal named *Reference for Decision*

Making. To adapt to the development and change of the tasks of the people's courts and to provide meaningful opinions and advice for such tasks, judicial policy research was further strengthened and the internal journal *Reference for Decision Making* was created. In the year 28 series of this journal, and 200 thousand words in total, were distributed, fully using the enormous amount of statistics and information of the people's courts and providing theoretical support for the decision-making of the people's courts.

—Making new progress on the work of judicial data collection. To regulate the standards for case information collection of the people's courts, some normative documents including *the Provisions on Management of Case Information Collection of the People's Courts* and *the Work on Standards of Case Information of the People's Courts* were drafted. In-depth researches on the system of case quality evaluation index of the people's courts were carried out to push forward the scientific development of the work of case quality evaluation. Major research projects on judicial statistics analysis of the people's courts were made public with a view to strengthening the work of research projects. First-quality reports were drafted on judicial statistics analysis with a view to providing advice for decision making by leaders. The working mechanism of liaison on judicial statistics analysis of the people's courts of the country was improved with a view to upgrading the entire level of judicial statistics analysis of the people's courts at all four levels. The special investigation on judicial statistics was launched to explore innovative methods of data collection. The judicial data collection departments of the people's courts were encouraged to work together with universities and research institutions for theoretical researches on judicial statistics, empirical analysis, data base sharing, training of students of master and doctoral degree and the establishment of a discipline system on judicial statistics.

—Improving the coordination and liaison system with the legal education circle. The National Symposium of Some Presidents of Law Universities and Deans of Law Schools was convened, with 21 presidents or deans of 19 famous law universities and schools including Beijing University and Qinghua University invited, and some highly-respected leading legal experts including Wu Zhipan and Wang Liming actively provided advices on judicial reform and rule of law.

II Work of Theoretical Innovation

In 2014, the people's courts strengthened the organization and coordination nationwide on the theoretical research of adjudication, by giving full play to their roles as "advisors" and "think tanks", with a view to pushing forward the innovation and the reform on theoretical research of the people's courts.

—Organizing theoretical researches. Under the main theme of equal judicator, in-depth adjudication theory researches were earnestly made on theoretical and practical problems bearing global influence, strategic importance and forward-looking vision on the work of adjudication. *The Blueprint on Primary Focus and Division of Work on Adjudication Theory Research of the People's Courts in 2014* was formulated and issued, and various works on the announcement, examination and acceptance of major adjudication theory and research projects in 2014 was accomplished. Serious efforts were also made on the work of organization and coordination of adjudication theory researches and of management of research projects supported by National Fund of Social Science with a view to pushing forward the work of theoretical research of the people's courts.

—Achieving first-quality research results. Serious efforts were made on research projects regarding major issues related to adjudication theory and a good number of outstanding research achievements on adjudication theory fully reflecting the characteristics of the people's courts were achieved. Some theoretical books including *the Book Series on World Judicial Systems and a Reader on the Theory and Explortion of Judicial Justice* were written with a view to resolving some urgent practical problems in adjudication practices. In-depth researches were made on rules of judicial reform with a view to providing theoretical and intellectual support for the deepening of judicial reform and promotion of judicial justice.

—Setting up research platforms. The 2014 Annual Meeting of the Chinese Association of Adjudication Theory Research and the Research Seminar on Comprehensively Advancing the Rule of Law and Promoting Judicial Justice was convened in order to provide intellectual support and guarantee for the judicial cause of the people's courts. The platform for multi-dimensional, interdisciplinary and multi-layered cooperation and exchange with high education and research institutions were set up and the Forum of Postdoctoral Graduates of Law was held together with China Academy of Social Sciences.

—Improving the work of research projects. Serious attention was paid to the top-level designs of Chinese socialist adjudication theory, with 15 major projects of adjudication theory and 15 major projects of research and 10 major projects of judicial statistics and analysis made public, with a view to continuously upgrading the theoretical level for the application of results of research projects in adjudication practices.

Major Adjudication Theory Research Projects Announced by the SPC in 2014

No.	Project Titles
1	Study on the operating mechanism of judicial power
2	Study on reform of the system of adjudication committee
3	Study on trial level system of China
4	Study on deepening judicial transparency
5	Study on basic theory of adjudication management within the judicial reform
6	Study on specialization of environmental judicator
7	Study on social recognition of judicial justice
8	Study on safeguard of judicator related to human rights
9	Study on the issue of judicial safeguard for the comprehensive deepening of reform
10	Study on the right to know of the people in judicial areas
11	Study on the classified management system of personnel of people's courts
12	Study on discipline system of judges
13	Study on relations between judges and lawyers
14	Study on the issue of cyber crimes
15	Study on improving national compensation system for criminal cases involving miscarriage of justice

Major Projects of Judicial Research Announced by the SPC in 2014

No.	Project Titles
1	Research on the issue of legalization of law-related and litigation-related petitions through letters and visits
2	Research on operating impacts of environmental divisions of local people's courts
3	Research on establishing the mechanism on prevention and correction of miscarriages of justice
4	Research on difficult problems related to adjudication of criminal cases involving drugs
5	Research on the issue of procedure application on exclusion of illegally obtained evidence
6	Research on relevant issues concerning duty-related crimes by personnel of primary-level organizations in rural area
7	Research on legal issues concerning transfer of management right of rural land contracts and right to use of residential land
8	Research on reform of capital registry system and company litigations
9	Research on the issue of law application concerning internet financing
10	Research on the legal regulations concerning commercial competition in internet
11	Research on establishing and improving national custody system of minors
12	Research on the issue of function orientation of the courts in handling disputes over expropriation and demolition
13	Research on issues concerning coordination of adjudication and execution
14	Research on issues concerning judicial information and statistics standards, automatic generation, application and management
15	Research on media guidance mechanism by the people's courts in new media times

Major Projects on Judicial Statistics and Analysis Announced by the SPC in 2014

No.	Project Titles
1	Empirical study on legal issues concerning management right of rural land contracts and right to use of residential land
2	Empirical study on hot issues related to cases involving disputes between doctors and patients
3	Empirical study on allocation of human resources of the people's courts
4	Study on the standards of judicial information and statistics of the people's courts
5	Empirical study on situation of drug-related crimes and case adjudication
6	Empirical study on improvement of the reform on the system of commutation and parole
7	Analysis of the situation of adjudication of cases involving internet financing
8	Analysis of the situation of adjudication of cases involving the publicity of government information
9	Study on the system of acceptance and conclusion of execution cases
10	Survey and research on public judicial satisfaction on the people's courts

Ⅲ Work of Judicial Reform

In 2014, SPC earnestly implemented the strategic planning of the Party Central Committee regarding judicial reform through various means including in-depth investigation and research, formulation of plan on work division and comprehensive planning on the reform of courts.

—Advancing the pilot programmes of the reform of judicial system. The SPC assisted the Party Central Committee on the formulation of *the General Opinions on Several Issues Concerning the Pilot Reform of Judicial System*, applying some measures as the basic and systemic measures for the reform of judicial system, including the improvement of classified management of judicial personnel, the improvement of judicial responsibility system, the increase of professional guarantee for judicial personnel, and the reform of unified management of personnel, fund and properties of local courts under provincial level. Related pilot programmes were carried out steadily in Shanghai, Guangdong, Jilin, Hubei, Hainan, Qinghai and Guizhou.

—Formulating the "Fourth Five-Year Reform Guidelines". Scientific planning was made on the blueprint for future reform of the people's courts with the formulation of *the Fourth Five-Year Plan of the People's Courts Reform (2014-2018)*. After the Fourth Plenary Session of the 18th Party Central Committee, based on the spirits of which the SPC completely revised the "Fourth Five-Year Reform Guidelines". *The Opinions on Comprehensively Deepening the Reform of the People's Courts* was formulated, identifying the general thoughts and main tasks regarding the judicial reform of the people's courts and tabling scientific design for the future reform blueprint of the people's courts.

—Establishing circuit courts of the SPC. *The Provisions of the SPC on Several Issues Concerning Case Adjudication by the Circuit Courts* was formulated. The first and second Circuit Courts were established for the adjudication of major civil, commercial and administrative cases extend beyond administrative regions. The establishment of the circuit courts helped overcome local protectionism, facilitate litigation and unify the adjudication standards, thereby ensuring the unified and proper implementation of state laws. The first Circuit Court of the SPC was established in Shenzhen City of Guangdong Province and the second in Shenyang City of Liaoning Province, which began to accept and adjudicate cases in early 2015.

—Establishing intellectual property courts in Beijing, Shanghai and Guangzhou. On November 6th of 2014, the first special adjudication organ for intellectual property rights in the country, i. e. Beijing Intellectual Property Court was formally set up; and on December 16th and 28th, the Guangzhou and Shanghai Intellectual Property Courts were set up respectively. The establishment of these intellectual property courts had great significance in strengthening intellectual property protection, improving legal environment for scientific innovation, implementing the innovation-driven development strategy and building an innovative country. *The Provisions on Jurisdiction of Cases in Beijing, Shanghai and Guangzhou Intellectual Property Courts*, *the Provisions on Issues Related to Jurisdiction of Cases Involving Intellectual Property* and *the Temporary Provisions on Several Issues Concerning the Participation in Litigation Activities by Technical Investigation Officers of the Intellectual Property Courts* were promulgated with a view to providing legal and policy guarantee for the operation of the intellectual property courts.

—Establishing courts with jurisdiction extends beyond administrative regions. On December 28th of 2014, the first court of the country with jurisdiction extends beyond administrative regions, i. e. the Third Intermediate People's Court of Shanghai Municipality, was established. On December 30th, the second such court, i. e. the Fourth Intermediate People's Court of Beijing Municipality was set up. Courts with jurisdiction extends beyond administrative regions adjudicate administrative litigations, major cases involving protection of environment and resources and major cases involving food and medicine security. Such Jurisdiction is helpful in eliminating the influence by local factors on fair adjudication and in ensuring the independent and fair exercise of adjudication power by judicial organs.

—Establishing Environment and Resources Division. On July 3rd of 2014, the Environment and Resources Division of the SPC was formally set up. The establishment of such a Division for the specialization of environmental judicator will play an active and far-reaching role in promoting and safeguarding the proper implementation of laws related to environment and resources, in standardizing the judicial judgment severeness, safeguarding the environmental rights and interests of the general public and nurturing the formulation of a new concept of ecological civilization.

—Advancing the reform for a diversified dispute resolution system. Through a combination of comprehensive survey and on-spot selective examination, the SPC made acceptance inspection on reform programmes in 42 pilot courts of the country. Among the 120 candidate courts, the SPC finally chose 50 model courts for reform including the People's Court of Xicheng District of Beijing and issued *the Decision on Identification of Model Courts for Reform of Diversified Dispute Resolution Mechanism* to give full play to the guiding role of model courts.

—Advancing the reform on the system of people's assessors. The situation regarding the reform on the system of people's assessors in pilot courts was timely reviewed and special researches were carried out on the system in China Taiwan region, Korea and Japan with a view to pushing for the healthy and in-depth development of the people's assessors system. The objective of the "Double Plan", i. e. to double the number of people's assessors, was achieved earlier than planned, with people's assessors in courts nationwide amounting to 209. 5 thousand, 125 thousand more than before the "Double Plan" was initiated, up 146. 5%, with ordinary people taking 70.2% of the total number. The people's assessors of the country participated in the adjudication of 2196 thousand cases, accounting for 78.2% of cases involving formal procedure of first instance. Efforts were made to expand the scope of participation by people's assessors and, for the first time, people's assessors were allowed to participate in the adjudication of major duty-related criminal cases, thereby giving full play to the role of people's assessors.

—Abolishing the evaluation and rating system of the courts. To respect the rules of judicator and the principal role of judges, the evaluation and rating of all high people's courts in the country was abolished. The evaluation methods were reformed and the inappropriate rating indexes were abolished so as to resolve the problem of refusal by some courts in accepting cases at the year end. The work on the evaluation of case adjudication quality of the people's courts was strengthened by dividing the evaluation indexes into binding indexes and guiding indexes, and by applying the statistical methods to establish a crisscrossing, clearly tiered, diversified, mutually restricting, mutually affirmative and practical pool of evaluation indexes for the evaluation of case adjudication quality.

图书在版编目(CIP)数据

人民法院工作年度报告. 2014:汉英对照/最高人民法院编. —北京:法律出版社,2015.4(2015.6 重印)
ISBN 978-7-5118-7752-9

Ⅰ. ①人… Ⅱ. ①最… Ⅲ. ①法院—工作报告—中国—2014—汉、英 Ⅳ. ①D926.2

中国版本图书馆 CIP 数据核字(2015)第 066964 号

人民法院工作年度报告(2014 中英双语)
最高人民法院 编

编辑统筹 政务出版分社
策划编辑 张瑞珍
责任编辑 张瑞珍 周 洁
装帧设计 乔智炜

ⓒ 法律出版社·中国

出版 法律出版社
总发行 中国法律图书有限公司
经销 新华书店
印刷 北京嘉恒彩色印刷有限责任公司
责任印制 吕亚莉
开本 A5
印张 6.75
字数 98千
版本 2015 年 4 月第 1 版
印次 2015 年 6 月第 3 次印刷

法律出版社(100073 北京市丰台区莲花池西里 7 号)
网址/www.lawpress.com.cn
电子邮件/info@lawpress.com.cn
销售热线/010-63939792/9779
咨询电话/010-63939796

中国法律图书有限公司(100073 北京市丰台区莲花池西里 7 号)
全国各地中法图分、子公司电话:
北京分公司/010-62534456
上海公司/021-62071010/1636
深圳公司/0755-83072995
西安分公司/029-85388843
重庆公司/023-65382816/2908
第一法律书店/010-63939781/9782

书号:ISBN 978-7-5118-7752-9 **定价**:35.00 元
(如有缺页或倒装,中国法律图书有限公司负责退换)